紅色足迹

中国工会从这里走来

中国工运研究所◎编

中国工人出版社

目录
CONTENTS

前言　001

序章：中国工人阶级的诞生与发展　005
红旗卷起农奴戟，黑手高悬霸主鞭

发轫：上海　017
问苍茫大地，谁主沉浮？

创生：广州　041
唤起工农千百万

潮动：武汉　063
为有牺牲多壮志，敢教日月换新天

徘徊：武汉—上海—瑞金　081
遍地哀鸿满城血，无非一念救苍生

目录
CONTENTS

求索：瑞金　093
高天滚滚寒流急，大地微微暖气吹

承启：延安　105
风景这边独好

重光：哈尔滨　131
雄关漫道真如铁，而今迈步从头越

前进：北京　145
数风流人物，还看今朝

附录一　中国工会历次全国代表大会　154
附录二　中华全国总工会历任主席（委员长）　156

前言

2020年，是中华全国总工会成立九十五周年。

九十五年来，中国工人阶级和中国工会在中国共产党的领导下，走过了一段不平凡的历程，在党史和工运史上留下了光辉的足迹。

从1921年党的一大之后成立中国劳动组合书记部，到1925年第二次全国劳动大会宣告中华全国总工会正式成立，从“二七”的抗争到“五卅”的奋斗，从安源的探索到上海工人武装起义的荣光，从大革命的高潮到抗日战争的烽火，中华全国总工会发轫于上海、创生于广州、弄潮于武汉、求索于瑞金、承启于延安、重光于哈尔滨。以六次全国劳动大会为节点，其间有过凯歌行进的高光时刻，也有过艰难困苦的低谷徘徊，潮涨潮落，云起云消，中国工会一直坚守初心、秉持使命，团结带领中国工人阶级不懈求索、奋勇前行，并不断地走向成熟、走向壮大、走向辉煌。

1948年，新中国成立前夕，第六次全国劳动大会在哈尔滨召开，恢复了在硝烟与战火中沉寂已久的光荣名称——中华全国总工会。新中国成立后，工会事业蓬勃开展。改革开放以来，工会运动再迎复兴，特别是党的十八大以来，在习近平新时代中国特色社会主义思想的指引下，中国特色社会主义工会发展道路越走越宽广。

党的十九届四中全会提出，建立不忘初心、牢记使命的制度，把不忘初心、牢记使命作为加强党的建设的永恒课题和全体党员、干部的终身课题。值此中华全国总工会成立九十五周年之际，我们编写了这部《红色足迹——中国工会从这里走来》图册，以丰富生动的图片、全面系统的文字，构筑出自中国劳动组合书记部成立到第六次全国劳动大会召开恢复中华全国总工会——也就是新中国成立之前，中华全国总工会的迁徙足迹和奋斗历程，旨在回望历史、体味初心，提醒我们不要忘记来时的路。

以史为鉴，可以溯源流；论从史出，可以正根本；温故知新，可以明得失。重温历史，可以让我们知道从哪里来，为什么出发，也可以让我们更好地知道向哪里去。回顾中国工会在党的领导下带领工人阶级团结奋斗的光辉历程，可以给今天带来许多有益启示。让我们更加紧密地团结在以习近平同志为核心的党中央周围，深入贯彻党的十九大和十九届二中、三中、四中全会精神，落实中国工会十七大提出的目标任务，坚定不移走中国特色社会主义工会发展道路，为实现“两个一百年”奋斗目标、实现中华民族伟大复兴的中国梦而奋斗。

由于我们学识、经验所限，这部图册会存在诸多不尽如人意之处，因此，诚恳地期待读者提出宝贵意见，并望在将来不断完善提高。

中华全国总工会发展迁徙示意图

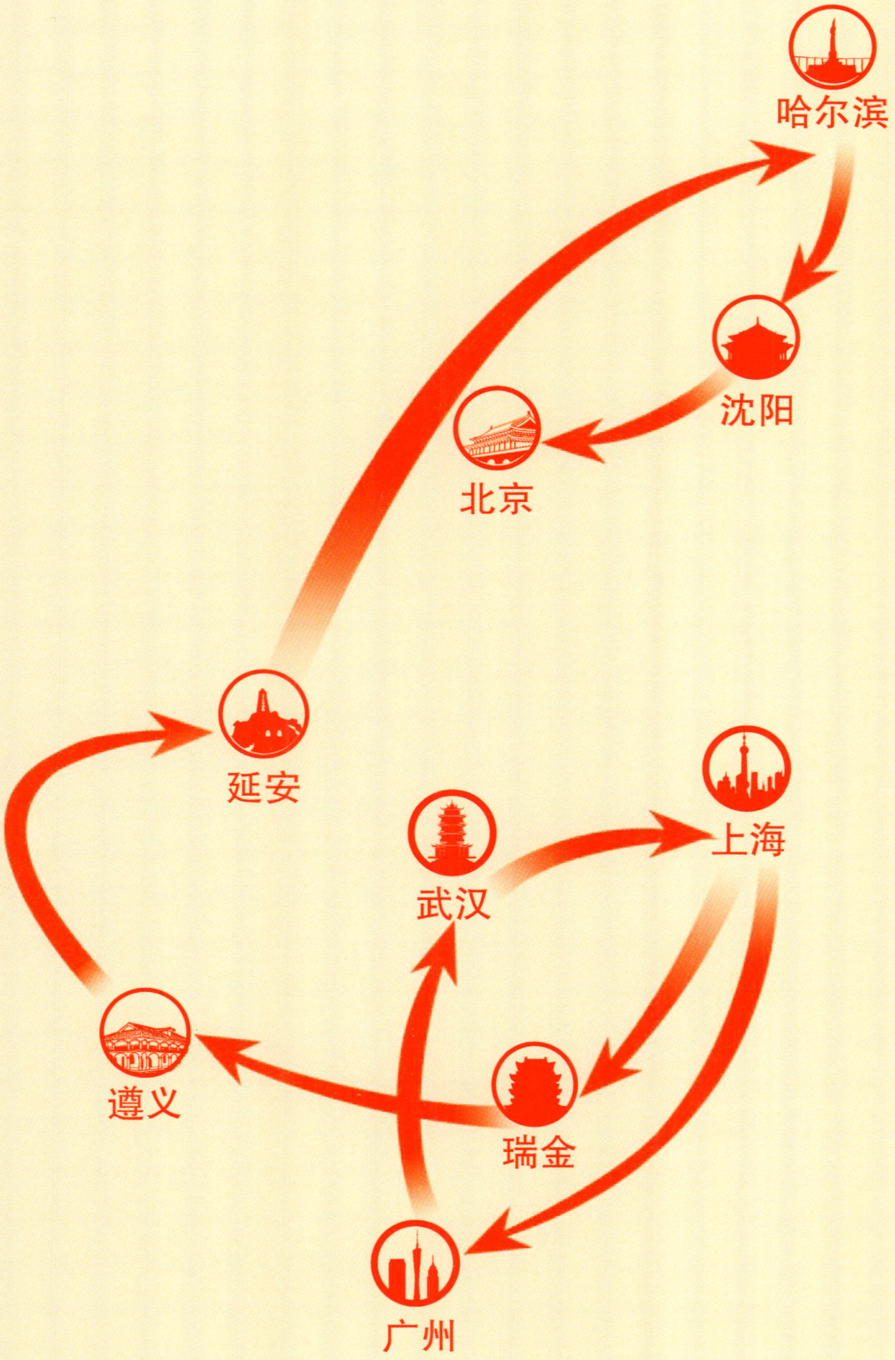

上海
（1921.8.11—1922.7）
中国劳动组合书记部

广州
（1922.5.1—1927.2）
中华全国总工会

武汉
（1927.2—1927.9）

上海
（1927.9—1933.2）

瑞金
（1933.2—1934.10）
全总苏区中央执行局

遵义
（1935.1–1935.3）

延安
（1935.10—1948.7）
全总西北执行局、中共中央职工运动委员会、中国解放区职工联合会

哈尔滨
（1948.8—1948.12）
中华全国总工会

沈阳
（1948.12—1949.3）

北京
（1949.3— ）

红旗卷起农奴戟，黑手高悬霸主鞭

序章：中国工人阶级的诞生与发展

《南京条约》签订情景

1840年，鸦片战争的炮声，打破了大清王朝“天朝上国”的闭关锁国梦，丧权辱国的《南京条约》使中国进入了半殖民地半封建社会。此后，第二次鸦片战争、中法战争、中日甲午战争、八国联军入侵，欧美列强更番来去，一系列不平等条约相继签订，中国自给自足的自然经济被瓦解，从明朝中后期开始孕育并缓慢发展的资本主义萌芽受到冲击，中华民族遭受了百年的屈辱。

自1840年第一次鸦片战争起至1949年新中国成立止，外国侵略者强加给中国人民的不平等条约共计1182个；自鸦片战争到清政府垮台的70年中，中国仅赔偿一项连本带利总数达16亿两白银，平均每年负担对外赔款2285.7万两。

毛泽东在《丢掉幻想，准备斗争》一文中指出：“帝国主义的侵略刺激了中国的社会经济，使它发

20 世纪初期，重压下的码头工人

生了变化，造成了帝国主义的对立物——造成了中国的民族工业，造成了中国的民族资产阶级，而特别是造成了在帝国主义直接经营的企业中、在官僚资本的企业中、在民族资产阶级的企业中做工的中国的无产阶级。”

工人阶级是近代资本主义机器大工业的产物。随着鸦片战争之后开始的外资企业、洋务运动中清政府官办企业和商办企业的产生发展，工人阶级逐步发展壮大。据统计，从 1840 年到 1894 年中日甲午战争爆发前，中国大约有产业工人十万余人；到 1913 年第一次世界大战爆发前，全国产业工人已增加

日商日华纱厂的童工，每天要在车间连续站立工作 12 小时

烟厂女工劳动场景

1881 年唐胥铁路上中国工人制造的第一台蒸汽机车

到约一百万人；到五四运动爆发前，全国产业工人约二百六十万人。这意味着，中国工人阶级作为一个新生的阶级已经产生了。

新生的中国工人阶级，除了具有世界各国工人阶级共同的特点，即代表着先进的生产力、最大公无私、最富有革命彻底性和组织纪律性之外，还有自己独有的特点：其一，它早于中国民族资本工业

1878 年建成的开平煤矿矿井及厂房

产生，因而与民族资产阶级相比，资格更老；其二，由于深受帝国主义、封建主义和资本主义三重压迫，因而革命最坚决彻底；其三，产业工人集中分布在大中城市与工业区，十分有利于工人阶级的团结和组织；其四，中国工人阶级大多数来源于农村，与农民有着天然的血肉联系，极易结成坚强的联盟。

正如列宁所言，工会是工人由散漫无力走向阶级联合的开端和过渡，“工会不仅是在历史上必要的，而且是在历史上不可避免的工业无产阶级组织”。中国工人阶级诞生后，经过早期的自发抗争与痛苦摸索，在斗争中不断积累经验，增长觉悟，逐渐产生了对真正工人团体即工会组织的呼唤与渴求，为中国工会的产生提供了内在需求，最终告别散漫、走向联合。

1917 年，俄国爆发了十月革命。“十月革命一声炮响，给我们送来了马克思列宁主义。”从此，中国工人运动逐步得到马克思主义思想的指导。李大钊、陈独秀、毛泽东、邓中夏等共产主义知识分子，以极大的热情投身教育和动员工人的活动，开始了知识分子与工人群众相结合的尝试，一方面促进了马克思主义的传播，另一方面促进了工人阶级的觉醒。

李大钊

陈独秀

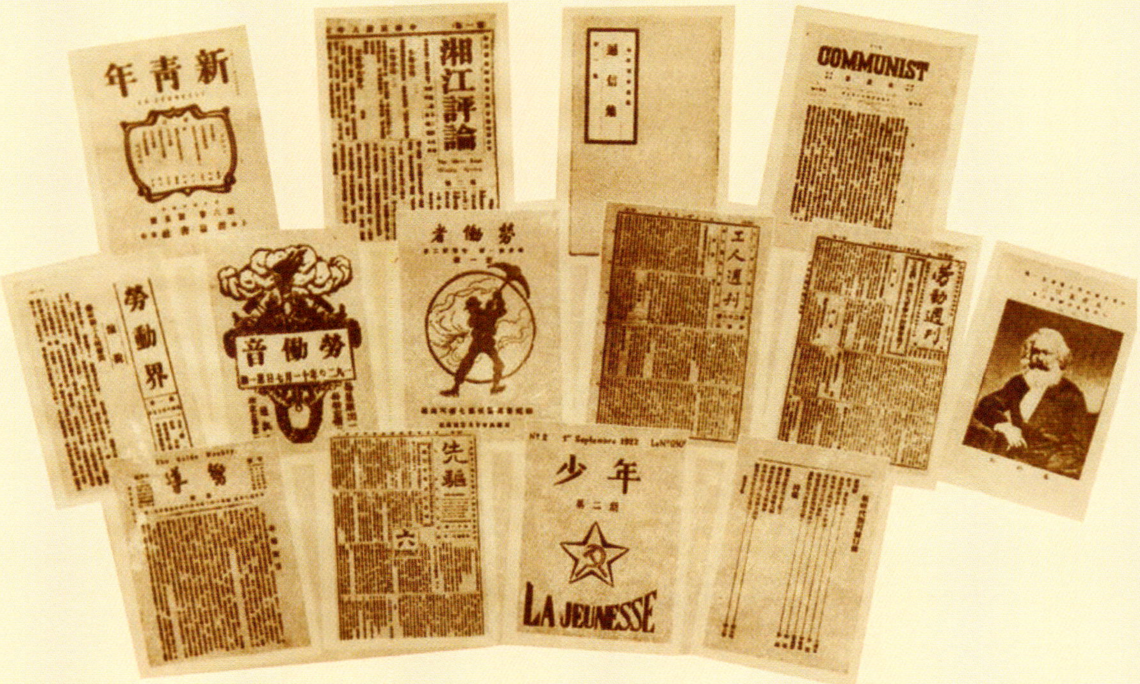

传播马列主义的部分刊物

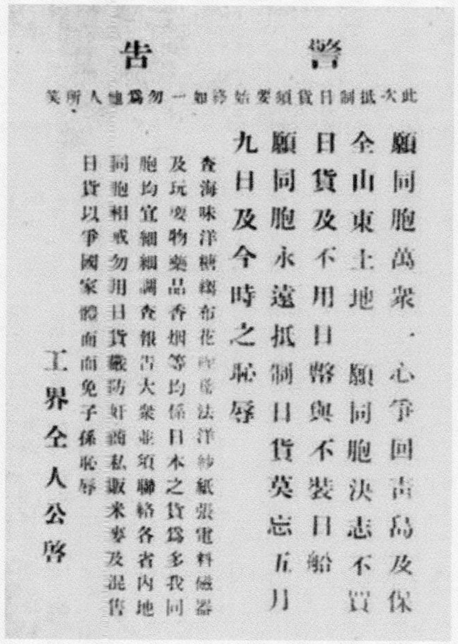

警告

此次抵制日貨須要始終如一勿爲他人所笑

願同胞萬衆·一心爭回青島及保全山東土地·願同胞決志不買日貨及不用日幣與不裝日船·願同胞永遠抵制日貨莫忘五月九日及今時之恥辱

查海味洋糖綢布花哔嘰法洋紗紙張電料儀器及玩耍物藥品香烟等均係日本之貨爲多我同胞均宜細細調查報告大衆並須聯絡各省内地同胞相戒勿用日貨嚴防奸商私販米麥及混售日貨以爭國家體面而免子孫恥辱

工界全人公啓

五四运动中工界宣传抵制日货的传单

申報

中華民國九年

今天四張半售大洋三分

第一萬七千一百五十六號

◉機器工會開成立會

上海機器工會昨日假白克路上海公學開成立大會、到者頗衆、三時開會、由主席李中君報告本會經過情形、演說者有孫中山·陳獨秀·歐陽桂生·倪文富等、中山氏演說有二小時之久、首述機器與資本勢力之關係、末則以三民主義作結、略謂、我人欲貫徹民生主義、非在官僚手中奪回民權不可、否則我國徒擁一專制變相之民主國號耳、獨秀氏謂、工人團體、須完全工人組織、萬勿容資本家厠身其間、不然、僅一資本家式的假工會而已「是日到會者除各工會代表外、尚有胡漢民·戴季陶·楊明齋等、俱因時晏不及演說云、

中国共产党领导下建立的第一个工会组织——上海机器工会成立，《申报》1920 年 11 月 22 日报道

1919 年 5 月，中国在巴黎和会上的外交失利，引爆了震惊中外的五四运动——这一运动成为旧民主主义革命和新民主主义革命的分水岭，是中国新民主主义革命的开端。在北京的爱国学生喊出“外争国权、内惩国贼”口号的同时，许多工人也自发地加入了反帝爱国运动的行列之中。6 月上旬，为抗议北洋政府对学生的镇压和逮捕，全国各地的产业工人开始以实际行动声援学生，以 6 月 5 日上海工人大规模罢工为开端，工人运动迅速波及各地，京汉铁路、京奉铁路、济南、南京、长沙、杭州……工人们纷纷罢工、示威、游行，一场全国范围的反帝爱国怒潮在全国掀起，给帝国主义和军阀政府以沉重的打击。中国代表最终拒绝在巴黎和约上签字，五四运动取得了胜利。

在五四运动中，中国工人阶级第一次展示了力量，标志着中国工人阶级以独立姿态登上政治舞台。

中国工人运动，从自发开始走向自觉。

1919 年 5 月 7 日，上海各界在南市公共体育场举行国民大会，声援北京学生的爱国运动

1919 年 6 月 5 日，上海工人举行声援北京学生的大罢工，充分显示了工人阶级的巨大力量

问苍茫大地，谁主沉浮？

发轫：上海

上海是中国工人阶级的发源地、中国共产党的诞生地，也孕育了中华全国总工会。五四运动爆发后，工人阶级以独立姿态登上中国的历史和政治舞台。在中国共产党的领导下，上海工人阶级的政治觉悟日益提高，在历次运动中都表现出反帝反封建斗争的坚决性和彻底性，展现了不畏强暴、英勇不屈的斗争精神，在中国工运事业中书写了壮丽的篇章。

中共一大会址（上海兴业路 76 号）

中共一大召开，中国劳动组合书记部成立

1921 年 7 月 23 日，中国共产党第一次全国代表大会在上海召开，宣告了中国共产党的诞生。中共一大制定了《中国共产党纲领》，并通过了中国共产党第一个决议——《关于当前实际工作的决议》，明确规定中国共产党成立后的中心工作是领导、组织和推进工人运动，基本任务是“成立产业工会”，强调“党在工会中要灌输阶级斗争的精神”。

中国劳动组合书记部旧址（上海成都北路 893 弄）

参加中共一大的十三名代表

毛泽东

董必武

李达

刘仁静

王尽美

陈公博

何叔衡

陈潭秋

李汉俊

张国焘

邓恩铭

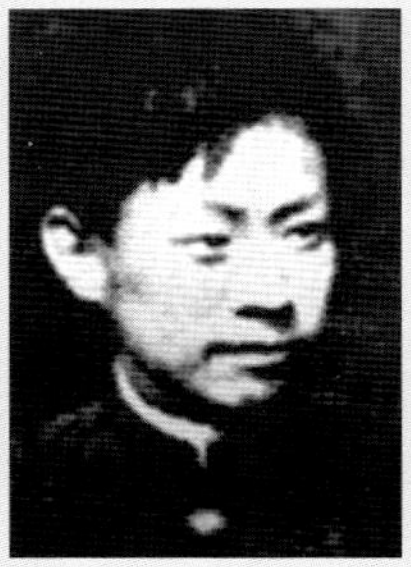
周佛海

包惠僧

中国共产党成立后，中国工人阶级有了自己的先锋队，标志着中国工人阶级由“自在阶级”开始向“自为阶级”转变。从此，中国革命的面貌为之一新，中国工人运动也进入了一个新阶段。越来越多的工人在中国共产党的领导下团结起来，越来越多的工会组织在马克思主义的旗帜下凝聚起来。

1921 年 8 月 11 日，中国共产党在上海成立了公开指导全国工人运动的工作机构，定名为“中国劳动组合书记部”，办公地点设在上海公共租界新闸路北成都路口 19 号。主任先后由张特立（张国焘）与邓中夏（北方总部主任）担任，干事为李启汉（李森）。中国劳动组合书记部发表《宣言》称，“要联合或改组已成立的劳动团体，使劳动者有阶级的自觉”，并提出了按产业组织工会的原则：“我们只能把一个产业底下的劳动者，不分地域，不分男女老少，都组织起来，做成一个产业组合。”

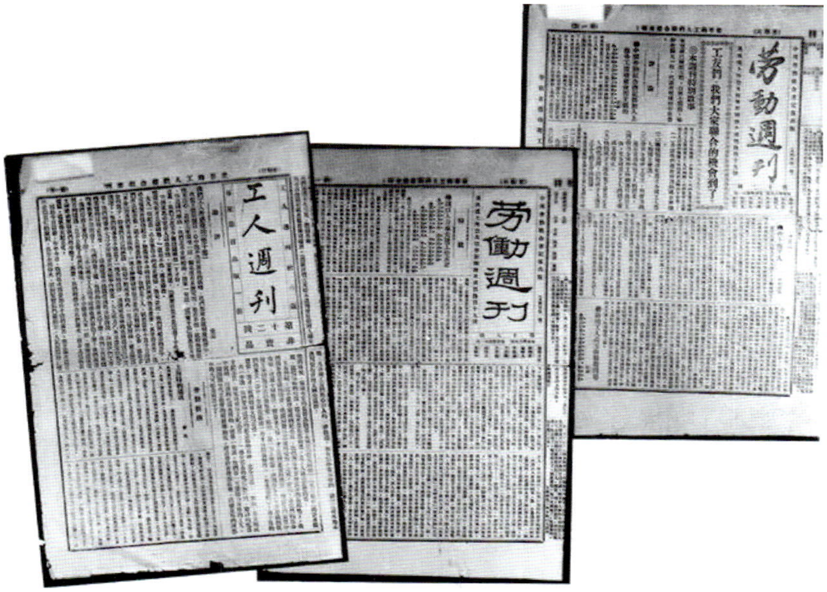

1921 年 8 月，中国劳动组合书记部机关刊物《劳动周刊》创刊。书记部迁往北京后，机关刊物为《工人周刊》

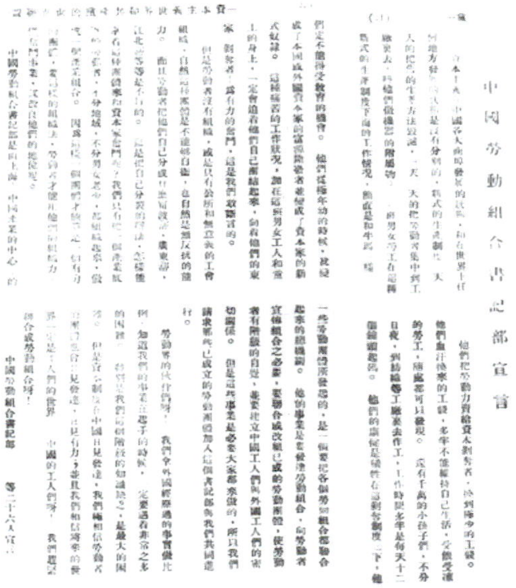

中國勞動組合書記部宣言

中國勞動組合書記部

《共产党》月刊发表的《中国劳动组合书记部宣言》

中国劳动组合书记部建立之初，出版了机关刊物《劳动周刊》，在“发刊词”中明确表示，要“本着中国劳动组合书记部的宗旨，为劳动者说话”。中国劳动组合书记部逐渐成为全国工人运动的总机关和领导者，在 1925 年中华全国总工会成立之前，担任了组织和领导工人斗争的重要角色，写下了中国工运史的光辉篇章。

中国劳动组合书记部成立后，在中国共产党的领导下，各地工人纷纷发动斗争、组建工会，从 1922 年 1 月到 1923 年 2 月，掀起了中国近代历史上的第一次全国性罢工高潮。高潮的起点是 1922 年 1 月 12 日爆发的香港海员大罢工，罢工坚持了 56 天，最终取得了增加工资、承认工会的胜利。此后，全国各地罢工浪潮此起彼伏，直到 1923 年 2 月京汉铁路工人大罢工。在短短的 13 个月中，全国共发生大小罢工 100 余次，参加罢工的工人人数达 30 万以上。

中国劳动组合书记部成立之后，相继在北京、长沙、武汉、广州、济南、上海等地设立了分部机构，将工人运动的火种播向全国各地。

中国劳动组合书记部

张国焘
（主任）

邓中夏
（北方总部主任）

李启汉
（干事）

北方分部

（主任：罗章龙）

湖南分部

（主任：毛泽东）

武汉分部

（主任：包惠僧）

广东分部

（主任：谭平山）

山东分部

（主任：王尽美）

上海分部

（主任：袁达时）

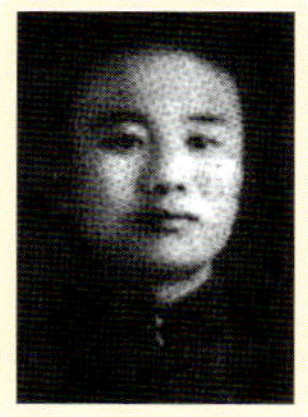

1921 年 8 月在北京成立，主任由罗章龙兼任，副主任兼秘书为王尽美。领导下的主要工会组织有：长辛店工人俱乐部、津浦铁路工人俱乐部、京奉铁路唐山制造厂职工同人联合会、京绥铁路车务工人同人会、道清铁路工人俱乐部、京汉铁路总工会、正太铁路总工会等。

1921 年 8 月成立于长沙，主任由毛泽东兼任，李立三、刘少奇、郭亮先后负责宣传、组织工作。领导下的主要工会组织有：湖南劳工会、安源路矿工人俱乐部、粤汉铁路新河俱乐部、长沙泥木工会、粤汉铁路总工会、株萍铁路总工会、水口山工人俱乐部、长沙第一纱厂工人俱乐部等。

1921 年 9 月成立于武昌，包惠僧为主任，后由林育南 、项德隆（项英）继任。领导下的主要工会组织有：汉口人力车夫工会、京汉铁路江岸工人俱乐部、汉阳钢铁厂工会、武汉第一纱厂工会等。

1921 年 9 月在广州成立，谭平山为主任，后冯菊坡继任。领导下的主要工会组织有：广州理发工会、广东土木建筑工会、油业工会等。

1922 年 6 月成立，1922 年 8 月并入北方分部。主任是王尽美，后由邓恩铭、王翔千接任。领导下的主要工会组织有：津浦铁路济南大槐树机车厂工人俱乐部等。

1922 年 8 月在上海设立，主任为袁达时，直接领导上海地区工人运动。1922 年第一次全国劳动大会后，中国劳动组合书记部总部迁往北京，在上海设立分部。在中国劳动组合书记部领导下建立的上海机器工会、上海印刷工会、上海烟草工人会、上海浦东纺织工会等工会组织的基础上，上海分部相继领导组建了上海海员工会、上海金银业工人俱乐部等工会。

长辛店工人俱乐部补习学校旧址（北京丰台区长辛店大街 145 号）

长辛店工人俱乐部

1920 年 10 月，北京共产主义组织在李大钊的领导下成立。为了开展工人运动，李大钊派邓中夏、罗章龙、张国焘等人来到长辛店铁路工厂，组织发动工人，成立工会。邓中夏在铁路工人史文彬等人的支持下，开办了工人补习学校。

中国劳动组合书记部成立后，1921 年 10 月，罗章龙领导正式成立了长辛店工人俱乐部。1922 年 8 月，长辛店铁路工人举行了“八月罢工”，路局被迫答应工人提出的增加工资、“短牌”改“长牌”等条件，罢工取得胜利。毛泽东后来评价：“中国工人运动还是从长辛店铁路工厂开始的。”

长辛店工人俱乐部证章

1922 年 5 月 1 日，安源路矿工人俱乐部成立时筹备委员会成员合影。车头上前排右起第五人为俱乐部主任李立三

安源路矿工人俱乐部

1922年5月1日，在时任中共湘区委员会书记和中国劳动组合书记部湖南分部主任毛泽东的领导下，安源路矿工人成立了工人俱乐部，李立三为工人俱乐部主任，朱少连为副主任，蒋先云为秘书。1922年9月11日，工人俱乐部向路矿当局提出保护俱乐部、发清积欠工人工资等条件，路矿当局不予答复。9月14日，工人俱乐部组织安源路矿1.7万名工人举行了大罢工。在罢工中，全体工人团结一心，坚持斗争，粉碎了路矿当局采取的拉拢、收买、暗杀等各种手段，最终迫使路矿当局答应了罢工宣言中提出的承认工会有代表工人的权利、增加工资等13项条件，罢工取得了完全的胜利。安源路矿工人罢工斗争由于策略得当，组织严密，万众一心，从而取得了“未伤一人，未败一事”的圆满胜利，成为当时罢工斗争中的典范。

这一时期，中国劳动组合书记部还领导了陇海铁路工人罢工、开滦煤矿工人罢工、津浦铁路工人罢工等一系列工人运动。

上海总工会旧址（上海宝山路 403 弄 2 号）

上海总工会在五卅运动中诞生

五卅死难烈士追悼大会

上海总工会委员长李立三在群众大会上演讲

太原群众声援上海工人大罢工

北京群众声援上海工人大罢工

多人在公共租界各马路散发反帝传单，进行讲演，揭露帝国主义枪杀顾正红、抓捕学生的罪行。租界当局大肆拘捕爱国学生。当天下午，仅南京路的老闸捕房就拘捕了100多人。万余名愤怒的群众聚集在老闸捕房门口，要求立即释放被捕学生。英国捕头公然开枪屠杀手无寸铁的群众，打死13人，重伤数十人，轻伤无数，逮捕150余人，制造了震惊中外的“五卅惨案”。

帝国主义的屠杀，点燃了中国人民郁积已久的对帝国主义侵略的仇恨怒火。1925年6月1日，上海总工会成立，当天宣布实行总同盟罢工。即日起，上海全市开始了声势浩大的反对帝国主义的总罢工、总罢课、总罢市。1925年6月1日到10日，相继有20余万名工人罢工，5万多名学生罢课，公共租界的商人全体罢市，连租界雇用的中国巡捕也响应号召宣布罢岗。

上海总工会的成立标志着上海工人运动从分散的状态开始转向集中的有组织的行动。上海工人阶级在上海总工会领导下，成为一支组织严密、纪律严格的反对帝国主义的主力军，在斗争中发挥了中流砥柱的作用。

在中国共产党的领导和推动下，五卅运动的狂飙迅速席卷全国，从工人发展到学生、商人、市民、农民等社会各阶层，并从上海发展到全国各地。北京、广州、南京、重庆、天津、青岛、汉口等几十个大中城市和唐山、焦作、水口山等重要矿区，都举行了成千上万人的集会、游行示威和罢工、罢课、罢市，形成了全国规模的反帝怒潮。

五卅运动展现了上海工人阶级不畏强暴、英勇不屈的斗争精神，大大提高了全国人民的觉悟程度和组织力量。著名工人运动领袖邓中夏说：“五卅运动以后，革命高潮，一泻汪洋，于是构成一九二五至一九二七年的中国大革命。”

正如刘少奇所总结的那样，五卅运动不仅是“中国职工运动自有历史以来一个最高涨的时期”，同时也是“中国有历史以来一次反对帝国主义的最大运动”。

上海工人三次武装起义

上海工人第三次武装起义领导人

周恩来

罗亦农

赵世炎

北伐战争中，上海工人在中共上海区委和上海总工会的领导下，为响应北伐军先后进行了三次武装起义。特别是第三次武装起义取得了胜利，成立了上海特别市临时委员会，把大革命高潮中的工人运动推向了巅峰。

在上海工人第一次和第二次武装起义失败后，上海陷入一片恐怖之中。百万群众因总同盟罢工而高涨的斗争热情，面临严峻的考验。1927 年 3 月 21 日，中共上海区委作出发动第三次武装起义的决定。接着，上海总工会发布总同盟罢工令。当天中午 12 时起，在周恩来、罗亦农、赵世炎等人的领导下，上海 80 万名工人开始罢工，学生开始罢课，商人开始罢市。总罢工后便马上转入武装起义。武装起义以工人纠察队为先锋，按照预定计划攻打各警署和兵营。经过两天激战，22 日晚 6 时，起义工人攻占上海最后据点，武装起义取得胜利。

上海工人第三次武装起义的胜利，沉重打击了帝国主义和军阀的反动统治，显示了中国工人阶级顽强的战斗精神和强大的组织力量，写下了中国工人运动史上光辉的一页。

1927 年 3 月 23 日，上海工人纠察队成立大会召开

上海工人纠察队在第三次武装起义当日攻下湖州会馆并将其作为总工会会所。图为参加上海总工会升旗典礼的工人武装纠察队

上海工人第三次武装起义胜利后，上海工人和市民欢迎北伐军和庆祝武装起义胜利

上海工人第三次武装起义指挥机关所在地——上海总工会，工人纠察队列队守卫

唤起工农千百万

创生：广州

广州是中国工人运动的策源地之一。在中国近代史上，广州工人在反帝反封建的斗争中留下了深深的历史烙印。我国第一代产业工人的诞生，第一、二、三次全国劳动大会的召开，中华全国总工会的成立等中国工会重要历史事件均发生在广州。工人运动的蓬勃发展，使广州成为第一次国内革命战争时期全国工人运动的中心。在这百余年的峥嵘岁月中，广州留下了许多值得书写的历史记录，为中国工运史增添了浓墨重彩的华章。

中共三大会址（广州市恤孤院路31号）

第一次全国劳动大会

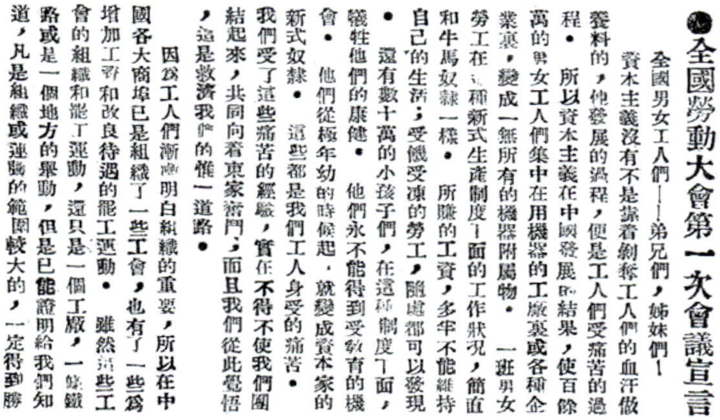

●全國勞動大會第一次會議宣言

全國男女工人們——弟兄們，姊妹們！

資本主義沒有不是靠着剝奪工人們的血汗做養料的，他發展的過程，便是工人們受痛苦的過程。所以資本主義在中國發展的結果，使百餘萬的男女工人們集中在用機器的工廠裏或各種企業裏，變成一無所有的機器附屬物。一班男女勞工在這種新式生產制度下面的工作狀況，簡直和牛馬奴隸一樣。所賺的工資，多半不能維持自己的生活；受饑受凍的勞工，隨處都可以發現。還有數十萬的小孩子們，在這種制度下面，犧牲他們的康健。他們永不能得到受教育的機會。他們從極年幼的時候起，就變成資本家的新式奴隸。這些都是我們工人身受的痛苦。

我們受了這些痛苦的經驗，實在不得不使我們團結起來，共同向着東家奮鬥；而且我們從此覺悟，這是救濟我們的惟一道路。

因爲工人們漸漸明白組織的重要，所以在中國各大商埠已是組織了一些工會，也有了一些爲增加工資和改良待遇的罷工運動。雖然這些工會的組織和罷工運動，還只是一個工廠，一條鐵路或是一個地方的舉動，但是已能證明給我們知道，凡是組織或運動的範圍較大的，一定得到勝

第一次全国劳动大会第一次会议宣言

1922 年 5 月 1 日至 6 日，由中国劳动组合书记部发起，邀请全国各地各党派工会团体，在广州召开了中国工人阶级第一次全国性大会——第一次全国劳动大会。参加大会的代表共 173 人，来自 12 个城市，代表着 110 多个工会组织和 34 万名有组织的工人。大会通过了十个决议案，其中，《罢工援助案》《八小时工作制案》和《全国总工会组织原则案》都是中国劳动组合书记部的代表提出来的。会议作出了下一次劳动大会成立全国总工会的决议，并决定在全国总工会成立之前，以中国劳动组合书记部作为全国总通讯机关。这在事实上公认了中国劳动组合书记部为全国工会组织的临时领导机关。

第一次全国劳动大会的胜利召开是中国工人运动史和中国工会史上的重大事件，它是中国工人阶级开始走向联合、走向团结的里程碑，开创了工人联合起来的新纪元。它大大提高了

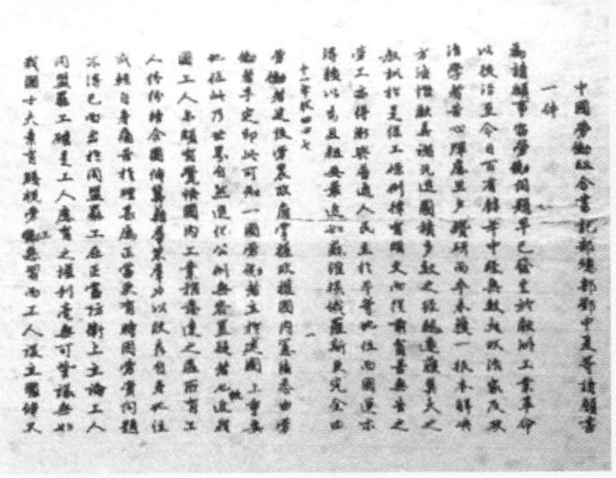

1922 年 7 月，中国劳动组合书记部总部邓中夏等人向当局发出的关于劳动立法的请愿书

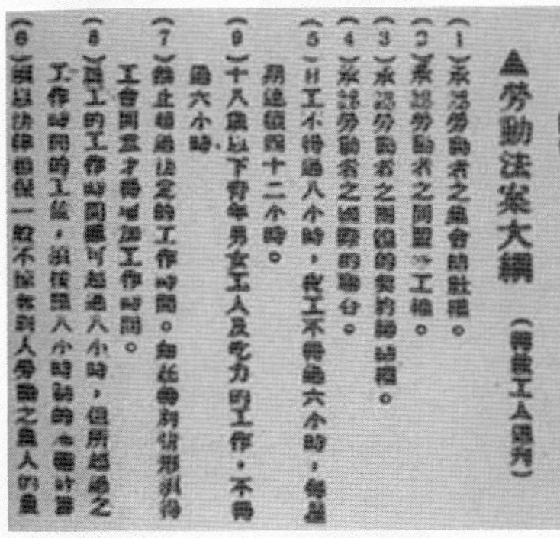

附录

△劳动法案大纲

(1)承认劳动者之集会结社权。
(2)承认劳动者之同盟罢工权。
(3)承认劳动者之团体的契约缔结权。
(4)承认劳动者之国际的联合。
(5)日工不得过八小时，夜工不得过六小时，每星期连续四十二小时。
(6)十八岁以下男女工人及吃力的工作，不得过六小时。
(7)禁止超过法定的工作时间。如在特别情形须得工会同意才得增加工作时间。
(8)农工的工作时间虽可超过八小时，但所超过之工作时间的工资，须按照八小时制的比例计算。

1922 年 8 月 16 日，中国劳动组合书记部发布《劳动法案大纲》，要求保护工人基本权利

中国共产党与中国劳动组合书记部的威信，确立了中国共产党在全国工人运动中的领导地位。

1922 年 7 月，中国共产党在上海召开了第二次全国代表大会。这次大会制定了党的纲领，提出了党的基本任务，并且通过了《关于工会运动与共产党的决议案》。《决议案》分析了中国工人运动的现状，确定了工会的性质、任务和方针，指出工会必须为民族独立和市民权利与自由而奋斗。工会应该是一个阶级的群众性组织。工会是一个教育会员、提高工人阶级自觉的学校。《决议案》明确了党对工会的领导，指出工会是所有工人的组合，共产党是一个人的头脑，而全体工人就是人的身体。

1922 年 8 月，中国劳动组合书记部根据中共二大关于开展劳动立法运动的决定，号召全国工人开

第一次全国劳动大会旧址（广州市海珠区滨江西路 230 号）

参加第一次全国劳动大会的部分代表合影

第一次全国劳动大会会场

展劳动立法运动，发布了《劳动法大纲》19 条，主要内容是：承认劳动者有集会、结社、罢工和缔结团体契约及与国际联合的民主权利；实行“八小时工作制”，每星期有一天休息，需要延长工作时间时，必须得到工会同意；禁止雇佣 16 岁以下的童工，保护女工；保障男女工人享受补习教育的机会。由于北洋军阀统治下的“国会”根本没有“制宪”诚意，《劳动法大纲》没有被通过，但其内容却深入工人群众中，变成了罢工高潮中斗争的纲领。

1923 年 6 月 12 日至 20 日，中国共产党第三次全国代表大会在广州召开，通过了《关于国民运动及国民党问题的议决案》《中国共产党第三次全国代表大会宣言》等文件，决定同国民党建立联合战线，以完成反帝反封建的国民革命的重要任务。党的三大之后，第一次国共合作正式建立，全国掀起了声势浩大、轰轰烈烈的反帝反封建的革命群众运动，胜利地举行了北伐战争，促进了中国革命的高涨。

香港海员大罢工

在林伟民、苏兆征等人的组织领导下，香港的中华海员工业联合总会从 1921 年 9 月至 1922 年 1 月，三次向轮船资本家提出增加工资等条件，但始终未得到答复。海员们于 1922 年 1 月 12 日下午 5 时开始举行罢工，所有从香港开往广州、江门、澳门、梧州等地的内河轮船，以及从英、荷、法、日、美各国开到香港的远洋轮船上的中国海员，都相继罢工，人数多达 3 万余人。同时，海员工会领导罢工工人封锁香港，断绝粮食及日用品供应，动员 10 万名工人离港回到广州，使香港变成了一个“死港”。

罢工坚持 56 天后，香港当局不得不向工人让步，被迫取消了封闭海员工会的命令，送回工会匾牌，释放了被捕工人，增加海员工资，抚恤沙田死难者家属。香港海员大罢工取得了完满胜利。

这次罢工得到了中国劳动组合书记部、中国共产党广东支部、以孙中山为领袖的国民党人以及广大的内地工人群众的大力支持，沉重地打击了英帝国主义与港英当局的反动气焰，“七十年来赫赫奕奕的大英帝国主义终于在中国海员的威力之下屈服了”（邓中夏语）。

香港海员大罢工胜利后海员工人和香港人民庆祝胜利。1922 年 3 月 6 日，海员工会的招牌被重新挂起，10 万香港工人欢声雷动

香港海员罢工的主要领导人林伟民（前排右二）、苏兆征（前排右三）等和香港海员工会成员合影

第二次全国劳动大会召开，中华全国总工会成立

1921 年 3 月，中华海员工业联合总会在香港成立

1922 年 10 月，汉冶萍总工会成立

1924 年 5 月 4 日，广州工人代表会成立

1925 年 1 月 11 日至 22 日，中国共产党第四次全国代表大会在上海召开，通过了《对于民族革命运动之议决案》等 11 个议决案。大会明确提出了无产阶级在民主革命中的领导权和工农联盟问题并作出了正确决策。此后，全国的革命形势迅速发展，工人运动风起云涌，农民运动轰轰烈烈，大革命的高潮来临了。

1925 年 5 月 1 日，在中国共产党的领导下，由中华全国铁路总工会、汉冶萍总工会、中华海员工业联合总会和广州工人代表会等当时最大的四个产业和地方工会联合发起，第二次全国劳动大会在广州召开。出席会议的代表 281 人，代表着 166 个工会与团体和 54 万名有组织的工人。大会宣告成立中华全国总工会，并通过了三十多个决议案，其中主要有《工人阶级与政治斗争的决议案》《经济斗争决议案》《组织问题决议案》《工农联合决议案》《铲除工贼决议案》《加入赤色职工国际决议案》等。

第二次全国劳动大会会场

中华全国总工会广州旧址（广州市越秀南路 89 号原惠州会馆）

第二次全国劳动大会

中华全国总工会

委员长

林伟民

副委员长

刘少奇

邓培

郑绎生

秘书长

邓中夏

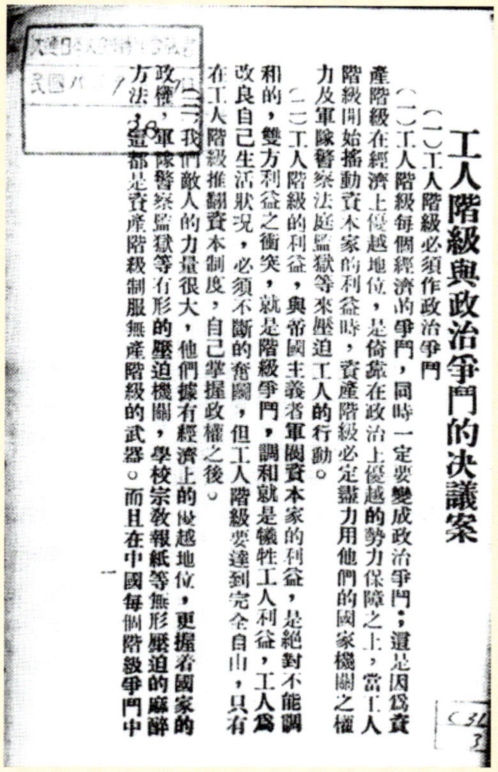

工人階級與政治爭鬥的決議案

(一)工人階級必須作政治爭鬥

(一)工人階級每個經濟的爭鬥，同時一定要變成政治爭鬥；還是因爲資產階級在經濟上優越地位，是倚靠在政治上優越的勢力保障之上，當工人階級開始搖動資本家的利益時，資產階級必定盡力用他們的國家機關之權力及軍隊警察法庭監獄等來壓迫工人的行動。

(二)工人階級的利益，與帝國主義者軍閥資本家的利益，是絕對不能調和的，雙方利益之衝突，就是階級爭鬥，調和就是犧牲工人利益，工人爲改良自己生活狀況，必須不斷的奮鬬，但工人階級要達到完全自由，只有在工人階級推翻資本制度，自己掌握政權之後。

(三)我們敵人的力量很大，他們據有經濟上的優越地位，更握着國家的政權，軍隊警察監獄等有形的壓迫機關，學校宗教報紙等無形壓迫的麻醉方法，這都是資產階級制服無產階級的武器。而且在中國每個階級爭鬥中

第二次全国劳动大会通过的决议案

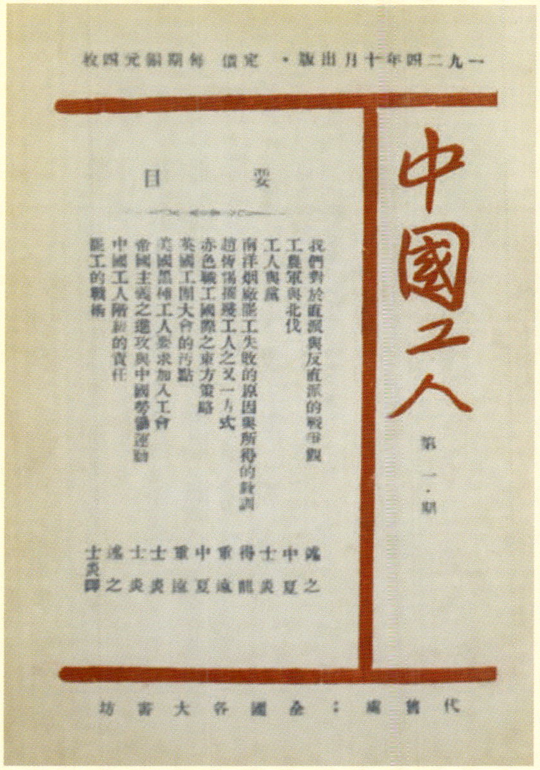

中华全国总工会机关刊物《中国工人》杂志 1924 年 10 月创刊第一期

第二次全国劳动大会在组织上的硕果，是中华全国总工会的成立。大会通过了《中华全国总工会总章》，《总章》中总纲规定：本会以团结全国工人，图谋工人福利为宗旨。大会决定中华全国总工会总会设在广州，并选举了由 25 人组成的中华全国总工会第一届执行委员会，执行委员会下设干事局，驻会办理一切事务，干事局分四部：组织部、秘书部、宣传部、经济部。1925 年 5 月，中华全国总工会第一届执行委员会第一次全体会议推选林伟民为委员长，刘少奇、邓培、郑绎生为副委员长，邓中夏为秘书长。大会还决定中华全国总工会加入赤色职工国际。

中华全国总工会的诞生，标志着中国工人阶级在中国共产党的领导下，正式实现了全国工会在政治上和组织上的团结与统一， 为全国工人阶级和工会组织在即将到来的大革命高潮中发挥先锋和骨干作用，作了重要的准备。

1925 年 7 月 3 日，省港罢工委员会成立后部分成员合影

1925 年 6 月 23 日，沙基惨案现场

省港罢工委员会旧址（广州市东园横路 3 号）

省港大罢工

五卅惨案发生后，为抗议英、日等帝国主义的暴行，声援上海五卅运动，1925 年 6 月，广州和香港工人发动了震惊中外的省港大罢工。为了加强对省港几十万名罢工工人的统一领导，中共广东区委和中华全国总工会在省港大罢工中组织成立罢工工人代表大会，作为罢工的最高议事机关；由代表大会选举产生罢工委员会，作为最高执行机关。罢工委员会委员 13 名，下设干事局、财政委员会等机构和罢工工人纠察队。苏兆征被选为委员长兼财政委员长，邓中夏任省港罢工委员会党团书记、顾问和工人纠察队训育长。

1925 年 6 月 23 日，罢工工人和各界群众 10 万余人在广州东校场集会，追悼上海死难同胞，抗议帝国主义暴行，会后举行示威游行。当游行队伍途经沙基路时，突然遭到沙面租界英法军警的机关枪扫射，停泊在白鹅潭的英、法军舰也开炮轰击，当场打死 50 多人，重伤 170 多人，轻伤者不计其数，

省港大罢工工人游行队伍

邓中夏（左）与苏兆征（中）等省港大罢工领导人在开会

省港罢工委员会纪念章、会旗

省港大罢工工人纠察队

酿成“沙基惨案”。沙基惨案的发生更进一步激起了中国人民的民族义愤，各界群众纷纷声讨帝国主义罪行，更多的工人加入罢工行列。到 6 月底，省港罢工人数达 25 万。

1926 年 6 月，广东国民政府宣布出师北伐。为了集中力量支持北伐战争， 10 月 10 日罢工委员会宣布取消对香港的封锁，省港大罢工就此结束。省港大罢工从 1925 年 6 月开始，到 1926 年 10 月以胜利结束，坚持了 16 个月之久，是中国和世界罢工史上坚持时间最长的罢工。它给当时的英帝国主义以沉重打击，也给广东革命政权以有力的支持，并在中国工人运动史上留下了扬眉吐气的豪迈记录。

第三次全国劳动大会

1926 年 5 月 1 日，第三次全国劳动大会在广州召开

1926 年 5 月 1 日至 12 日，第三次全国劳动大会在广州举行。出席大会的代表有 502 人，代表 699 个工人团体、124 万名会员。英、俄、法、德、美、日等国的工会代表也出席了大会。邓中夏致开幕词，刘少奇作《一年来职工运动发展》报告，李立三致闭幕词。大会通过了《中国职工运动总策略决议案》

第三次全国劳动大会

中华全国总工会

委员长

苏兆征

代理委员长

李立三

副委员长

项英

秘书长

刘少奇

林育南（继任）

中國第三次全國勞働大會會刊

發刊露布

擁護國民政府，請國民政府出師北伐！

通電

第三次全國勞動大會開幕通電

致全世界工人書

第三次全国劳动大会会刊

第三次全国劳动大会会址（广州市陵园西路 2 号今广东革命历史博物馆内）

数千名罢工工人组成运输队、宣传队、卫生队随北伐军出征。图为北伐运输队肩挑重担，翻越五岭山脉

北伐军攻克武昌后举行军民联欢大会

《组织问题与其运用之方法决议案》《经济斗争最近目标与其步骤决议案》《罢工战术决议案》《劳动法大纲决议案》等决议案，以及《为促进北伐向国民政府请愿书》和其他通电、宣言等文件。大会选举执行委员 35 人，候补执行委员 17 人。中华全国总工会机关设秘书部、组织部、宣传部等部门。1926 年 5 月，中华全国总工会第二届执行委员会第一次全体会议选举苏兆征、邓中夏、刘少奇、李立三、朱少连、何耀全、刘文崧、项英、陆沉 9 人为常务委员；选举苏兆征为委员长，项英为副委员长，刘少奇为秘书长（四次劳大之前短时间内由林育南任秘书长），组成中华全国总工会新的领导机构。会后，中共中央决定成立中共全总党团，任命李立三为第一任中共全总党团书记。

1927 年 2 月，中华全国总工会机关迁至汉口。2 月 20 日至 26 日，中华全国总工会在汉口召开第二届执行委员会第三次扩大会议，因执行委员会委员长苏兆征出任武汉国民政府工人部长，会议选举李立三为代理委员长。

1925 年 7 月 25 日，广东国民政府决定出师北伐之后，中华全国总工会发表了《对国民政府出师宣言》，号召工人参加和支援北伐战争。

在中华全国总工会的领导下，随着北伐军的北上步伐，中国工人运动也一路凯歌猛进。北伐军进入湖南后，拥有 10 多万名会员的湖南全省工团联合会发动全省工人，为北伐军带路、送信、收集情报、运输等。在醴陵、长沙、平江、岳阳等战役中，工农群众则直接参加了战斗。在湖北，当北伐军攻打武汉时，工人则在内部予以配合，汉阳兵工厂工人举行罢工，铁路工人组织破坏队毁坏铁路，牵制军阀的行动。在工农群众的大力支持与配合下，北伐军所向披靡，在不到半年的时间里，打败了吴佩孚，赶走了孙传芳，占领了半个中国。

为有牺牲多壮志，敢教日月换新天

潮动：武汉

武汉是一座具有光荣革命传统的城市。汉阳铁厂是当时远东最大的工业企业，产业工人的高度聚集，孕育了武汉城市的革命气质。辛亥革命武昌首义以来，从汉冶萍总工会的成立，到气壮山河的“二七”斗争，这座九省通衢之城，一直是工运红色版图上的重要支点，中国工人运动的许多重大事件都在这里留下了不可磨灭的印记。

中共五大会址（武汉市武昌区都府堤 20 号）

中华全国总工会北迁武汉

随着北伐军一路北上，连战连捷，革命中心也随之北移。1927 年 1 月 1 日，国民政府从广州迁到武汉。1927 年 1 月 18 日，中华全国总工会发表告全国各工会书，宣布北迁武汉，在广州设办事处。中华全国总工会于 2 月初迁到汉口。

随着国民政府和中华全国总工会由广州迁往武汉，武汉成为全国革命运动的中心。武汉工人阶级更是一马当先，站在反帝反封建斗争的前列，在中国共产党的领导下掀起了一波波的工运浪潮，波澜迭起、汹涌澎湃。

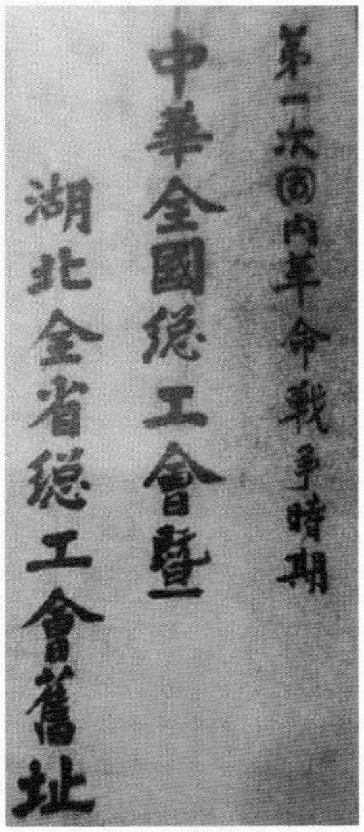

董必武为中华全国总工会武汉旧址题字

中华全国总工会暨湖北全省总工会武汉旧址（武汉市江岸区友益街 16 号）

第四次全国劳动大会召开

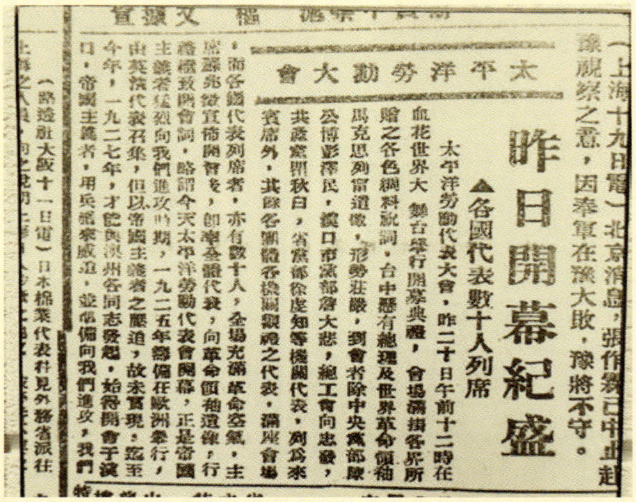

（上海十九日電）北京消息，張作霖已中止赴豫視察之意，因奉軍在豫大敗，豫將不守。

太平洋勞動大會

昨日開幕紀盛

▲各國代表數十人列席

太平洋勞動代表大會，昨二十日午前十二時在血花世界大舞台舉行開幕典禮，會場滿掛各界所贈之各色綢料祝詞，台中懸有總理及世界革命領袖馬克思列甯遺像，形勢莊嚴，到會者除中央黨部陳公博彭澤民，漢口市黨部詹大悲，總工會向忠發，共產黨瞿秋白，省黨部徐慶知等機關代表，列爲來賓席外，其餘各團體各機關觀禮之代表，滿座會場，而各國代表列席者，亦有數十人，全場充滿革命空氣，主席蘇兆徵宣布開會後，即導全體代表，向革命領袖遺像，行禮畢致開會詞，略謂今天太平洋勞動代表會開幕，正是帝國主義者猛烈向我們進攻時期，一九二五年籌備在歐洲舉行，由英俄代表召集，但以帝國主義者之壓迫，故未實現；迄至今年，一九二七年，才能與澳洲各同志發起，始得開會于漢口，帝國主義者，用兵威來威迫，並準備向我們進攻，我們

（路透社大阪十一日電）日本棉業代表村見外務省派往

太平洋劳动大会报道

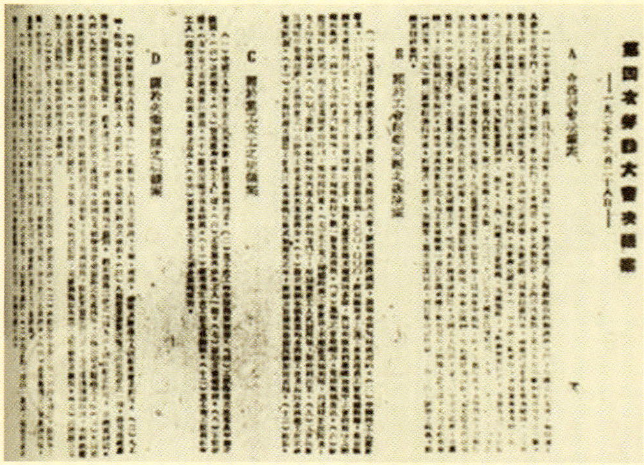

第四次全国劳动大会通过的决议案

随着北伐战争的胜利进军和工农运动的高涨，革命阵营内部的危机也在酝酿。在北伐战争中，蒋介石的实力迅速膨胀，其反共真面目也逐渐暴露出来。1927 年 4 月 12 日，蒋介石突然在上海向革命群众举起屠刀，发动反革命政变，对上海工人进行血腥屠杀。继上海之后，在 4 月 15 日广州反革命政变中，省港罢工委员会的武装被解除，全总广州办事处、省港罢工委员会、广州工人代表大会及其所属工会、中华海员工业联合总会、全国铁路总工会广州办事处、香港总工会等全部被查封。成百上千的共产党员、工运领导人和工人群众被逮捕、杀害、驱逐。北方的奉系军阀张作霖也捕杀了大批共产党员和革命群众。1927 年 4 月 28 日，中国共产党创始人李大钊在北京英勇就义。

面对错综复杂的矛盾和尖锐激烈的斗争，

太平洋劳动大会在汉口血花世界大舞台开幕

1927年4月27日至5月9日，中国共产党第五次全国代表大会在武汉召开，大会通过了《政治形势与党的任务议决案》《土地问题议决案》《组织问题议决案》《职工运动议决案》等文件。

《组织问题议决案》指出，要在工会、农会、国民党及其他团体中组织党团，严密服从党的指导，积极在广大工人群众中做政治工作，这才是真正领导工人群众。《职工运动议决案》明确了党与工会的关系，工会的斗争应当完全在党的指导之下，同时不能使工会丧失其独立性；要指导工会工作并为工会培养人才。

在大革命岌岌可危的形势下，太平洋劳动大会和第四次全国劳动大会相继召开。

太平洋劳动大会于1927年5月20日至26日在汉口举行。大会认为太平洋地区的主要任务是反对新战争的威胁、帮助被压迫人民反对帝国主义的斗争。会议由赤色职工国际领导，中国、苏联、美国、英国、法国、日本、朝鲜、爪哇的代表出席会议，代表1450万名会员。赤色职工国际总书记罗佐夫斯

第四次全国劳动大会

中华全国总工会

委员长

苏兆征

代理委员长

罗登贤

党团书记

李立三（兼）

项英（继任）

秘书长

李立三

罗章龙（继任）

1927 年 6 月 19 日，第四次全国劳动大会在汉口召开

基和中国的苏兆征参加了这次大会。大会成立了太平洋劳动会议秘书处，并推选苏兆征为太平洋劳动会议秘书处主席。

苏联代表蔡米洛夫演讲《世界职工运动与中国革命》。中华全国总工会代表刘少奇在会上发表演说，他代表中国工人阶级表示“要与太平洋工人阶级在赤色职工国际之下，亲密地团结起来，制止世界第二次大战，反对世界帝国主义对于太平洋工人的大屠杀，改良中国工人阶级生活，及各国工人阶级的生活”。大会通过了《童年和青年劳动问题案》《中国革命进行中之职工运动案》《致中国劳苦民众书》以及《太平洋各国工会组织原则》等。

1927 年 6 月 19 日至 28 日，第四次全国劳动大会在汉口召开。参加大会的代表共 420 人，代表全国 290 多万名有组织的工人。赤色职工国际代表及苏联、英国、法国、美国、日本、印度、爪哇等国家和地区的工人都派代表参加了大会。中国共产党、中国国民党、国民政府、国民革命军和其他各界来宾也应邀出席了大会。

这次劳动大会的中心议题是如何挽救中国革命。大会通过的决议案宣言着重强调，蒋介石叛变革命

第四次全国劳动大会会址，汉口血花世界

以后，工人运动的主要任务是“联合农民、小资产阶级和一切革命人士，向反革命的中心英勇进攻”。在各种反革命势力联合进攻工人阶级的情况下，必须巩固和发展工人组织，加紧组织工人武装纠察队和秘密工人武装。农民是工人阶级最可靠的同盟军，工人阶级必须“援助农民实现土地革命，以扩大革命的基础”。四次劳大后，中华全国总工会机关仍驻汉口。中华全国总工会机关设有组织部、宣传部、女工部、福利部等部门。

1927 年 6 月 30 日，中华全国总工会第四届执行委员会第一次全体会议选举苏兆征、向忠发、李立三、王荷波、邓中夏、陈寿昌、罗珠、郑覆他、林育南 9 人为常务委员，刘少奇、董锄平、杨人杞、马超凡、黄钊 5 人为候补常务委员；选举苏兆征为委员长，李立三为秘书长，兼任中共党团书记。

大会闭幕后不久，汪精卫集团叛变革命，在武汉发动“七一五”反革命政变，中国工人运动再次遭到血腥镇压和严重挫折，转入低潮。随后，中华全国总工会从武汉秘密迁至上海。

武汉重要工人运动事件

京汉铁路工人大罢工

江岸京汉铁路工会会员证

京汉铁路工人大罢工，是中国工人运动史上行动最壮烈、影响最深远的一次罢工。1922 年，在中国劳动组合书记部的领导下，京汉铁路沿线 16 个车站都正式建立了工会，会员达 3 万余人，建立京汉铁路总工会的条件已经成熟，筹备委员会决定 1923 年 2 月 1 日在郑州举行京汉铁路总工会成立大会。此时，直系军阀吴佩孚竟撕毁了“保护劳工”的假面具，派军警包围会场，阻止代表进入。全体代表和来宾冒着生命危险，冲破军警包围，冲进会场，在荷枪实弹的包围中宣布京汉铁路总工会正式成立，并决定 2 月 4 日进行全路工人总同盟罢工。

2 月 4 日中午 12 时，全路 3 万多名工人大罢工，全路所有客车、货车、军车一律停驶，1200 多公里的京汉铁路运输线完全陷入瘫痪状态。罢工中还提出“为自由而战，为人权而战”的口号，从而把以经济斗争为主要内容的罢工高潮推进到争取权利和自由的政治斗争阶段。

1923 年 2 月 7 日，吴佩孚在帝国主义势力支持下，调动 2 万多军警，在长辛店、郑州、汉口、江岸等地，对罢工进行了

京汉铁路部分修通时举行的通车典礼

京汉铁路总工会江岸办事处旧址

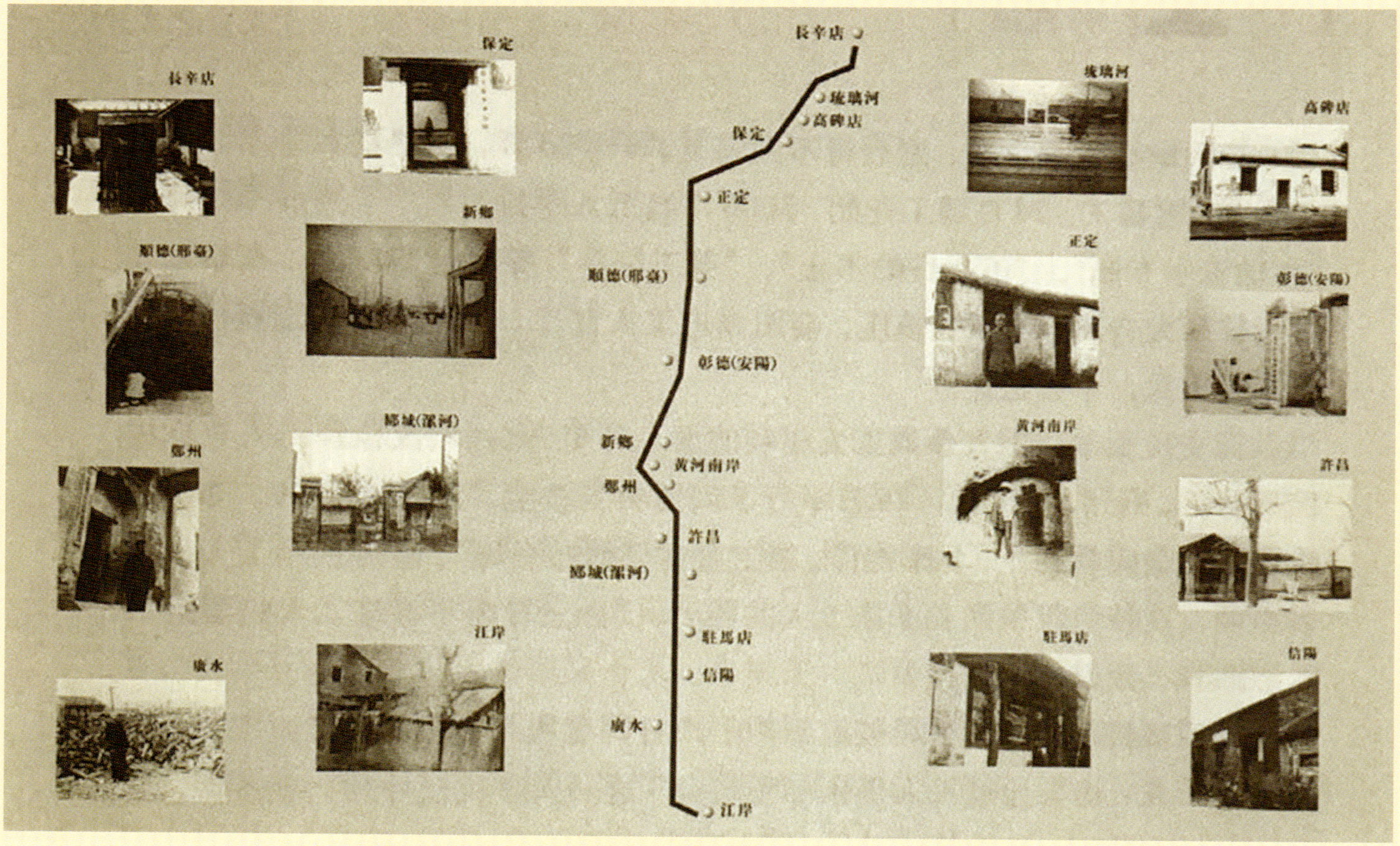

1921 年下半年至 1922 年底，京汉铁路沿线各站区的工会组建工作全部完成

京奉铁路天津地区工人支援京汉铁路大罢工

林祥谦

施洋

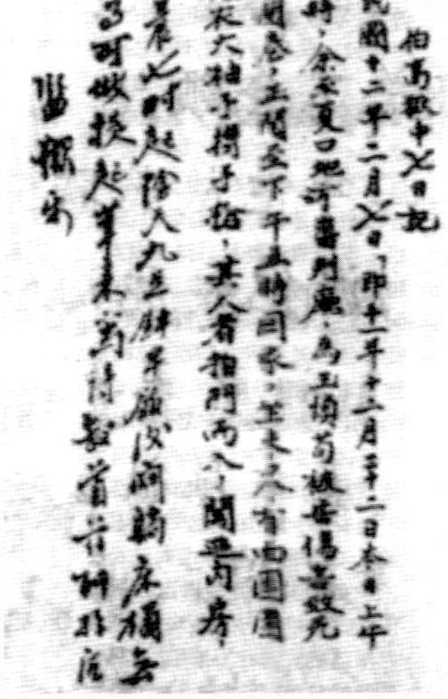

伯高獄中七日記
民國十二年二月七日「即十一年十二月二十二日」本日上午

施洋遗书：伯高狱中七日记

1923 年 2 月，京汉铁路总工会在郑州召开成立大会时代表合影

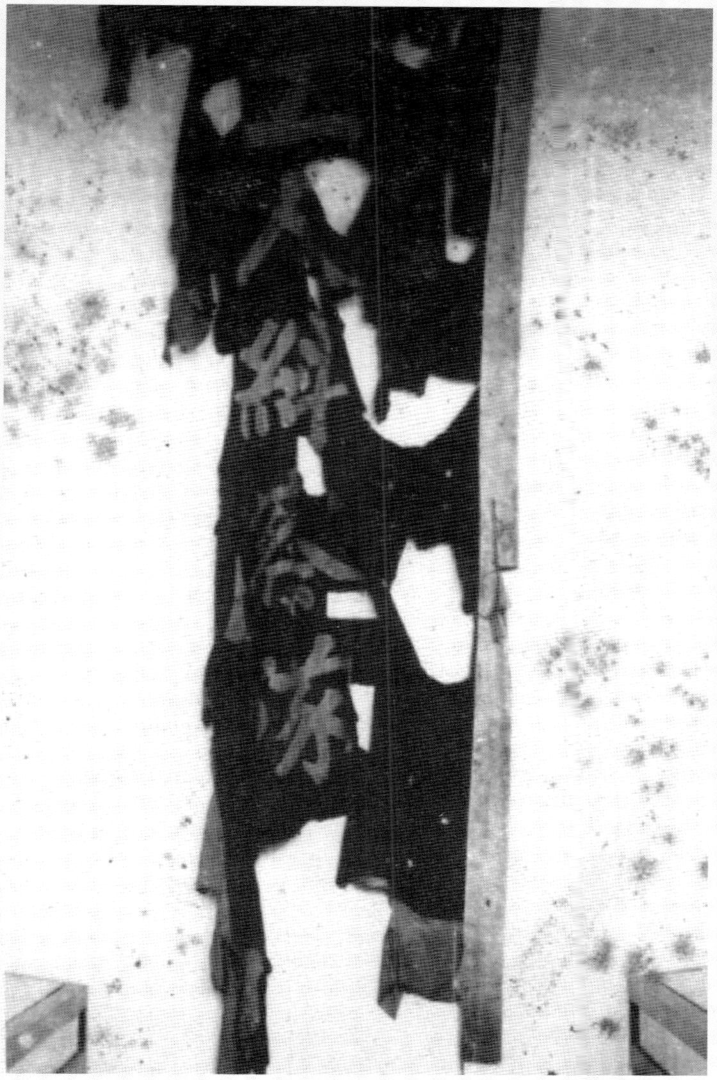

工人纠察队队旗

遍地哀鸿满城血，无非一念救苍生

徘徊：武汉—上海—瑞金

1927 年，“四一二”“七一五”两次反革命政变之后，革命形势急转直下，波澜壮阔的大革命被扼杀，神州大地笼罩在一片白色恐怖之中。

中共八七会议旧址（汉口三教街 41 号）

工人阶级英勇反抗

南昌起义主要领导人——周恩来

大革命失败后，中共中央和全国总工会由武汉秘密迁回上海。

以蒋介石为代表的国民党反动派，在篡夺大革命胜利果实的同时，以“清党”和“分共”为重点，武力镇压工人运动。从1927年3月到1928年上半年，被国民党杀害的31万人中，绝大多数是工会领导骨干和积极分子。第四次全国劳动大会选举的全国总工会执行委员多数被杀害。工人运动在低潮中徘徊。

反动派一方面举起屠刀疯狂镇压工人运动，另一方面组织御用工会，颁布各种法令法规剥夺工人阶级在革命高潮时期争得的一切政治权利。资本家也纷纷反攻倒算，不仅撕毁了所有对工人有利的劳资协议，还大批开除参加过斗争的工人。

为了挽救革命，中共中央相继发动了南昌起义、秋收起义和广州起义，走上了武装反抗的道路，中国革命开始进入了土地革命战争的新时期。

八一南昌起义部分领导人。起义胜利后，成立了革命委员会，苏兆征、李立三、郭亮都是其中重要成员

秋收起义时中国工农革命军第一军第一师军旗

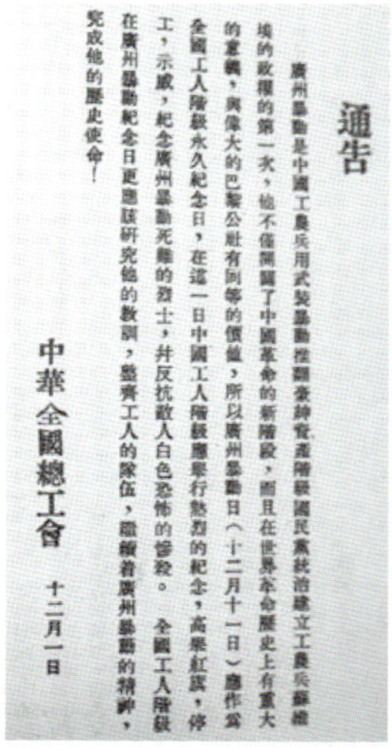

通告

廣州暴動是中國工農兵用武裝暴動推翻豪紳資產階級國民黨統治建立工農兵蘇維埃的政權的第一次，他不僅開闢了中國革命的新階段，而且在世界革命歷史上有重大的意義，與偉大的巴黎公社有同等的價值，所以廣州暴動日（十二月十一日）應作為全國工人階級永久紀念日，在這一日中國工人階級應舉行熱烈的紀念，高舉紅旗，停工，示威，紀念廣州暴動死難的烈士，并反抗敵人白色恐怖的慘殺。全國工人階級在廣州暴動紀念日更應該研究他的教訓，鞏固工人的隊伍，繼續着廣州暴動的精神，完成他的歷史使命！

中華全國總工會 十二月一日

1929 年中华全国总工会纪念广州起义通告

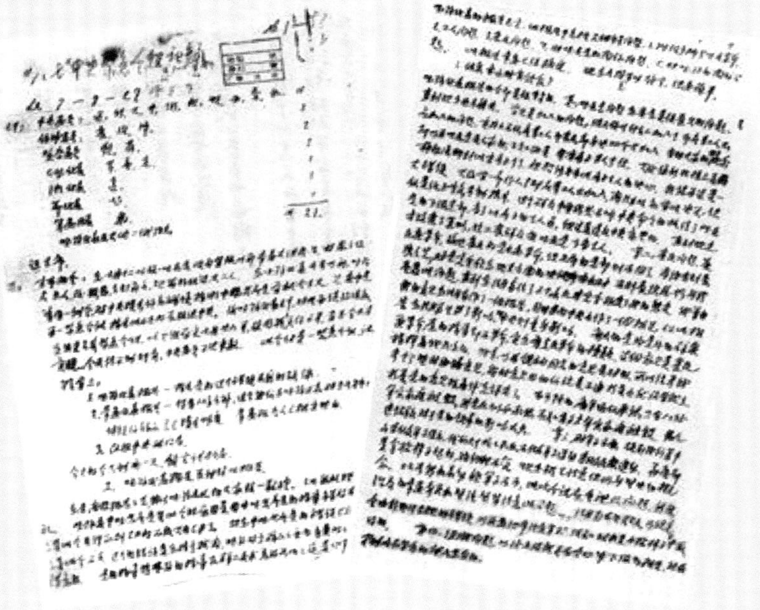

1927 年 8 月 7 日，“八七”中央紧急会议记录

江西省总工会张贴的革命标语

中共六大会址（莫斯科近郊兹维尼果罗德镇塞列布若耶别墅）

共产党领导下的工人阶级始终站在英勇抗争的前列。1927 年 8 月 7 日，党的“八七”会议确立了以土地革命和武装反抗国民党反动派的总方针，通过了《最近职工运动议决案》。同月，全国总工会发表《反抗压迫工人工会的宣言》，严正声明：“现在中华全国总工会秘密组织起来，仍照从前一样指导全国工人的斗争”，号召全国工人团结起来，“向着反动的新旧军阀无耻政客”进攻。在南昌起义中，全国总工会领导人李立三担任前敌委员会委员，全国总工会委员长苏兆征曾到九江动员工人为起义进行准备工作。在秋收起义中，工人成为中坚和骨干力量。中国工农红军第一师所辖三个团中，第二团即由安源煤矿工人纠察队、矿警队和附近各县工农武装组成。在广州起义中，广州工人赤卫队、省港罢工工人和海员占了工农红军的半数以上。

同一时期，上海、武汉、广州和其他城市的工人及铁路、海员、矿山工人在共产党和工会领导下，进行了不屈不挠的斗争。但是，由于当时党内“左”倾路线的影响，年轻的共产党没有认清大革命失败后敌强我弱的客观形势，不承认工人运动的低潮，仍像过去那样号召工人罢工、暴动，一次次以血肉之躯冲撞敌人的刀枪，结果使得包括工会在内的革命力量受到严重损失。是时，全国工会组织由 734 个锐减到 81 个，工会会员为数很少，而且不能公开活动。

第五次全国劳动大会

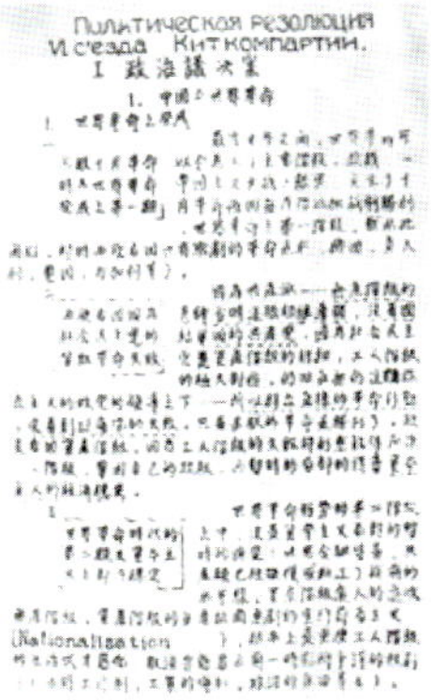
Политическая резолюция
VI съезда Киткомпартии.
I 政治議决案

中共六大通过的《政治议决案》

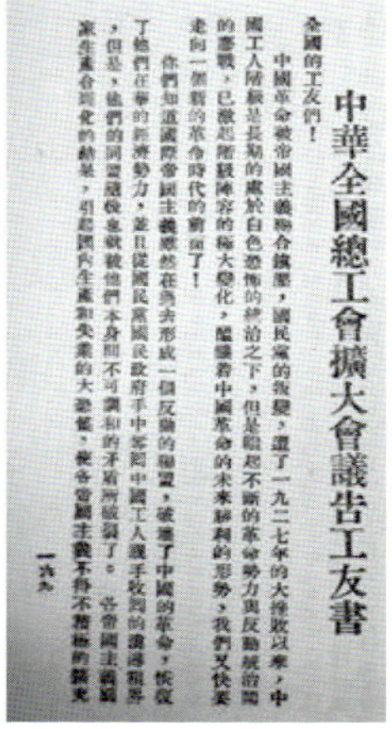
中華全國總工會擴大會議告工友書

全國的工友們！

中國革命被帝國主義聯合鎮壓，國民黨的叛變，遭了一九二七年的大挫敗以來，中國工人階級是長期的處於白色恐怖的統治之下，但是臨起不斷的革命勢力與反動統治間的壘戰，已激起階級陣容的極大變化，醞釀着中國革命的未來歸嚮的形勢，我們又快要走向一個新的革命時代的前面了！

你們知道國際帝國主義雖然在努去形成一個反蘇的聯盟，破壞了中國的革命，恢復了他們在華的經濟勢力，並且從國民黨國民政府手中奪回中國工人雙手收回的漢潯租界，但是，他們的同盟隨後來就被他們本身間不可調和的矛盾所破裂了。各帝國主義國家生產合理化的結果，引起國內生產過剩和失業的大恐慌，使各帝國主義不得不努力的擴大

一六九

1929 年 2 月全总四届执委会第二次扩大会议印发的《中华全国总工会扩大会议告工友书》

1928 年 2 月 8 日至 12 日，中华全国总工会第四届执委会第一次常委扩大会议在上海举行。会议通过《全国总工会目前总任务决议案》等文件。会议决定苏兆征任委员长，项英任中共党团书记。1928 年 7 月，罗章龙接替李立三任秘书长。

1928 年 6 月 18 日至 7 月 11 日，中共六大在莫斯科召开。大会通过了《职工运动决议案》，针对一些“左”倾错误做法，作出了一些正确的决定。六大以后，中共中央设立了以项英为书记的工人运动委员会，健全了全国总工会的领导机构。在党的领导下，工人运动开始出现复兴趋势。

1929 年 2 月 17 日至 20 日，中华全国总工会在上海秘密召开第四届执委会第二次扩大会议，通过《全国职工运动之目前总任务》等决议案。会后，全总第二届、第三届委员长苏兆征不幸病逝，由罗登贤代理委员长，项英任中共党团书记，罗章龙任秘书长。

1929 年 11 月 7 日至 11 日，全总在上海秘密召开第五次全国劳动大会。出席大会的有 5 个产业工会、8 个省市地方工会和闽西苏区工会代表共 29 人，代表着全国 39800 多名赤色工会会员。大会作出了《中华全国工人斗争纲领决议案》等 12 个决

第五次全国劳动大会会址（上海市北京西路 690—696 号）

全國工友們！全國勞動會議決夠了！你們應熱誠的選派代表到會，你們應各拿出革命的最好主張交代表帶交大會討論。這是一個全國勞動戰士的大會，這個會議是擁護工人利益的，是保護無產階級祖國——蘇聯的，是打倒帝國主義的，是埋葬反革命的國民黨的，是推翻資本家的壓剝的，是完成中國革命的大會啊！

中華全國總工會 九月十九日

第五次全國勞動大會開幕通電

全國各產業工會，各地工會聯合會及總工會，各地農民協會，各地蘇維埃政府，各紅軍，各地學生會，全國革命的士兵，各民衆團體，暨全國勞苦民衆均鑒：當國民黨反叛革命，投降帝國主義，代表地主買辦資產階級，屠殺工農，解散民衆團體，甘爲帝國主義走狗，武力進攻蘇聯，並爆發不斷的軍閥混戰之緊急非常時期，中華全國總工會召集之第五次全國勞動大會，宣告開幕。全國各重要產業及重要城市均有代表出席。全體代表一致竭誠哀悼爲革命運動而犧牲之工農戰士及領袖，誓以武裝擁護世界工人的祖國蘇聯，反對帝國主義進攻蘇聯瓜分中國及世界大戰，反對國民黨軍閥混戰及白色恐怖。爲解除壓迫達到工人階級解放計，大會通過全國工人應該團結在革命工會及其最高機關中華全國總工會指導之下，鞏固工人階級之組織及戰鬥力，打倒資本家及國民黨

第五次全国劳动大会开幕通电

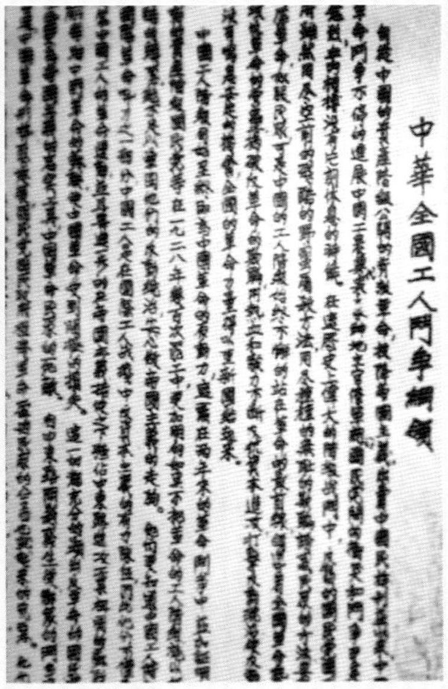

中華全國工人鬥爭綱領

第五次全国劳动大会通过的《中华全国工人斗争纲领》

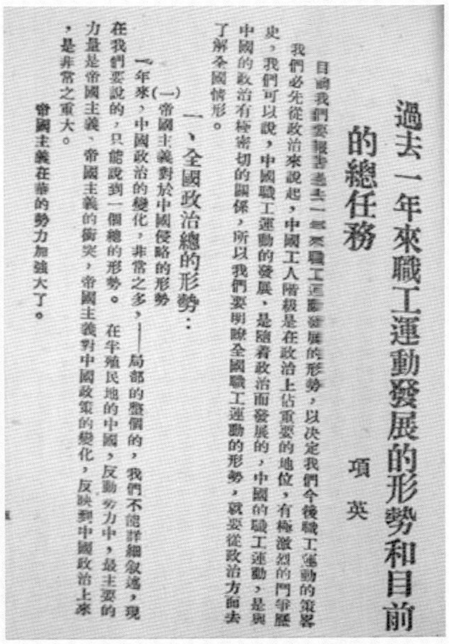

過去一年來職工運動發展的形勢和目前的總任務

項 英

目前我們要報告過去一年來職工運動發展的形勢，以決定我們今後職工運動的策略，我們必先從政治來說起，中國工人階級是在政治上佔重要的地位，有極激烈的鬥爭歷史，我們可以說，中國職工運動的發展，是隨着政治而發展的，中國的職工運動，是與中國的政治有極密切的關係，所以我們要明瞭全國職工運動的形勢，就要從政治方面去了解全國情形。

一、全國政治總的形勢：

(一)帝國主義對於中國侵略的形勢

一年來，中國政治的變化，非常之多，——局部的整個的，我們不能詳細敘述，現在我們要說的，只能說到一個總的形勢。在半殖民地的中國，反動勢力中，最主要的力量是帝國主義，帝國主義的衝突，帝國主義對中國政策的變化，反映到中國政治上來，是非常之重大。

帝國主義在華的勢力加強大了。

第五次全国劳动大会项英所作报告

第五次全国劳动大会

中华全国总工会

委员长

项英

代理委员长

罗登贤

秘书长

林育南

议案。大会依然认为“中国的革命正在复兴，世界革命的高潮将要到来”，提出工人运动总的指导思想是组织政治罢工，“实现武装暴动，夺取政权”。

五次劳大后，中华全国总工会总部机关设在上海，机关设有组织部、宣传部、女工部、青工部、雇工部等部门。

1929 年 11 月，中华全国总工会第五届执行委员会第一次全体会议选举常务委员 7 名，候补常务委员 5 名。选举项英为委员长，林育南为秘书长。1930 年 7 月，项英调中共中央政治局工作。1931 年 11 月，罗登贤接任代理委员长。

在严重的白色恐怖中，年轻的中国工人阶级掩埋好同伴的尸体，擦干了身上的血迹，义无反顾地一次次与强敌血战。然而，由于党内重新滋长的“左”倾思想，对工人运动形势作出了错误判断，“左”倾冒险主义计划的推行，对工人运动造成巨大危害。据 1930 年 10 月统计，在中国工人最集中的上海，赤色工会会员只剩下不到 300 人。1933 年初，临时中央和全国总工会在白区已无法立足，被迫迁往江西中央革命根据地。

高天滚滚寒流急，大地微微暖气吹

求索：瑞金

中共“八七”会议后，确立了土地革命和武装斗争的总方针。中国革命的中心从城市向农村转移。随着党的斗争策略的调整，党领导的工人运动也顺应形势进行了调整，苏区工会随着苏维埃政权的建立应运而生，并在苏区得到了发展壮大。

中华苏维埃共和国第二次全国代表大会旧址（江西赣州瑞金市沙洲坝镇沙九路）

全总苏区执行局与苏区中央执行局

中华全国总工会苏区执行局旧址

苏维埃政权是人民的政权，苏区的工会是建立在工人阶级领导的工农民主政权之下的工会，与在白区的工会有着截然不同的特点。苏区工会从一开始就得到了工农民主政权的法律保障，1929 年 12 月，全总发布关于苏区工会的第一个文件《苏维埃区域工会工作大纲》。1930 年 10 月，全总召开了常委扩大会议，对苏区工会问题作出了相应的决定，次年 2 月，在赣西南的吉安富田村建立了中华全国总工会苏区执行局，7 月，经兴国迁至瑞金县叶坪。

1933 年 2 月，全国总工会从上海迁到瑞金后，将原全总苏区执行局改组为中华全国总工会苏区中央执行局，同时保留全总名义，以指导全国工人运动。刘少奇任委员长，陈云任副委员长兼党团书记，梁广为组织部长，下设秘书处、组织部、女工部、青工部、福利部、社会经济部、国家企业部、文化教育部。

1933 年 4 月到 7 月，全总苏区中央执行局先后在瑞金建立了 5 个全苏区性质的工会：中国农业工人工会、中国苦力运输工人工会、中国店员手艺工人工会、国家企业职工工会、中国纸业工人工会，此外还有江西省职工联合会（江西省总工会）

1931 年 11 月 7 日至 20 日，中华工农兵苏维埃第一次全国代表大会在江西瑞金叶坪村召开

蘇區工人

中华全国总工会苏区执行局机关报《苏区工人》

蘇維埃區域工會組織大綱

《苏维埃区域工会组织大纲》。1929 年全国总工会常委会第二十二次会议讨论了苏区工会工作，年底公布了《苏维埃区域工会工作大纲》

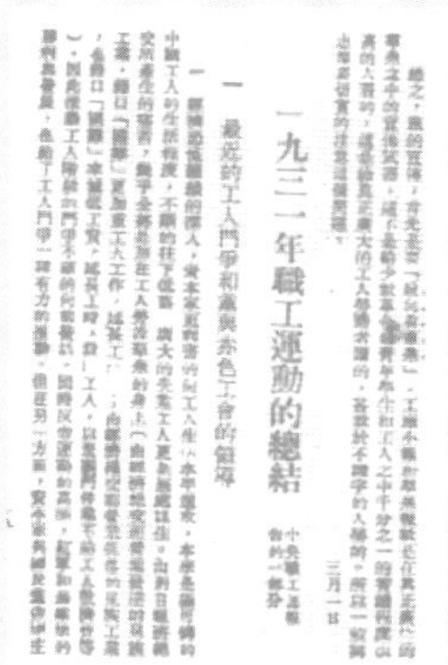

一九三一年職工運動的總結

1932 年 3 月 11 日，刘少奇为中共中央职工部起草的《一九三一年职工运动的总结》报告，在《红旗周报》第三十一期发表

中华全国总工会苏区中央执行局旧址

中国农业工人工会会员证

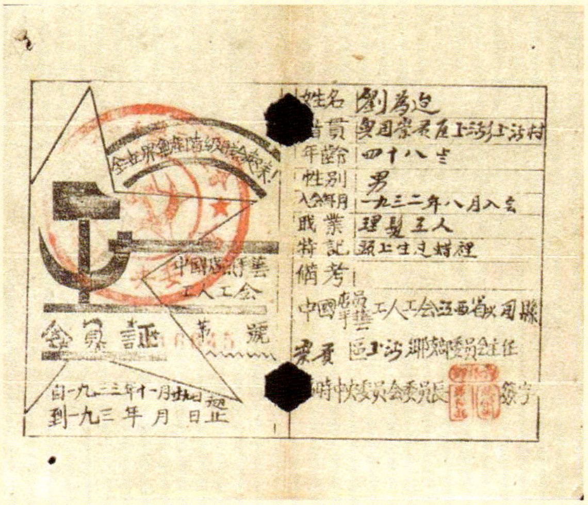

中国店员手艺工人工会会员证

中国苦力运输工会会员证

中华全国总工会

苏区中央执行局

委员长

刘少奇

副委员长兼党团书记

陈云

等 12 个地区总工会。

苏区工会的建立和工作开展，给当时还落后的中国农村革命根据地注入了新的生命力。毛泽东曾在第二次苏维埃代表大会上对苏区工会给予了高度评价，他指出，苏区工会是组织坚强的阶级工会，是苏维埃政权的柱石，是保护工人利益的堡垒，是广大工人群众学习共产主义的学校。

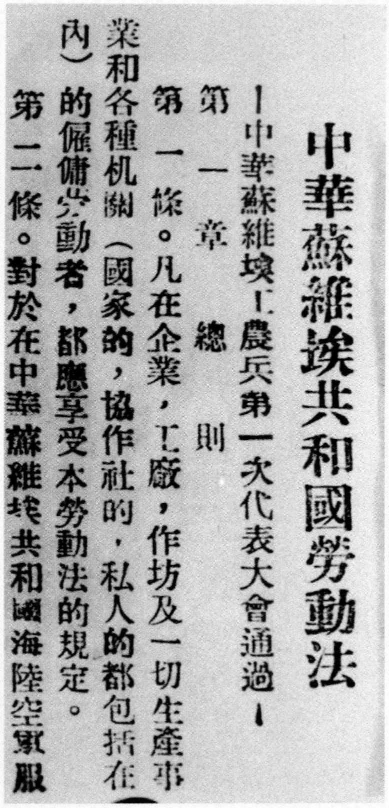
中華蘇維埃共和國勞動法
—中華蘇維埃工農兵第一次代表大會通過—
第一章 總則
第一條。凡在企業，工廠，作坊及一切生產事業和各種机關（國家的，協作社的，私人的都包括在內）的僱傭勞動者，都應享受本勞動法的規定。
第二條。對於在中華蘇維埃共和國海陸空軍服

1933 年 3 月，中华苏维埃共和国临时中央政府颁布的《劳动法》

苏区工人运动与工会工作

在苏区工会的努力下，根据地工人积极参加苏区的经济建设，参加苏维埃政权的建设，参加土改和查田运动，甚至直接参军参战，还组建了赫赫有名的红军工人师，工会工作搞得有声有色。

由于时局和当时工会领导人思想认识所限，苏区工会工作也出现了一些政策上的“左”倾表现，造成了一些负面影响。例如在《劳动法》中有不切实际的规定，或者是沿用罢工、示威等白区斗争方式，以致影响到整个大局。这些“左”倾做法在实践中不断受到批评和抵制，不断碰壁，直到刘少奇和陈云到了苏区，才对这些“左”倾错误进行了纠正，苏区工会工作得以迅速发展。

到 1934 年 3 月，除鄂豫皖未统计外，苏区工会会员已达 35 万余人。在全总苏区中央执行局的领导下，各地苏区工会贯彻执行苏维埃政府的劳动法令，改善工人生活，教育和组织工人群众参军参战，支援前线，为革命战争的发展和根据地的巩固作出了贡献。

1934 年 7 月，全总苏区中央执行局迁往瑞金云石山。1934

1932 年 2 月，闽赣两省工人代表大会代表合影

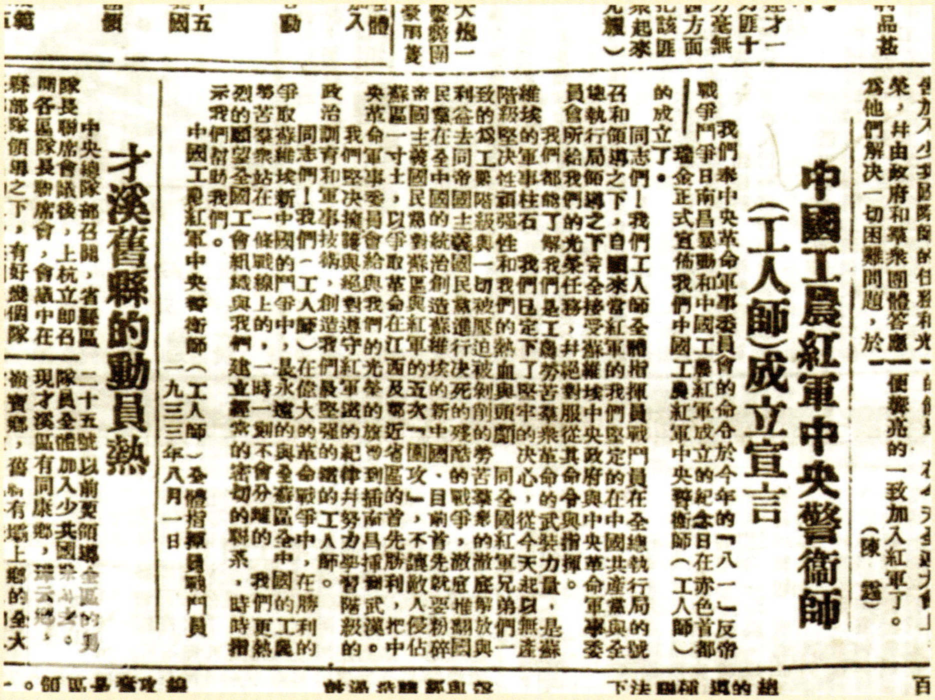

中國工農紅軍中央警衛師

（工人師）成立宣言

我們奉中央革命軍事委員會的命令於今年的「八一」反帝戰爭日南昌暴動和中國工農紅軍成立的紀念日在赤色首都瑞金正式宣佈我們中國工農紅軍中央警衛師（工人師）的成立了。

……

中國工農紅軍中央警衛師（工人師）全體指揮員戰鬥員

一九三三年八月一日

才溪舊縣的動員熱

1933 年 8 月 1 日，中国工农红军工人师宣布成立

1934 年 1 月 21 日，中华苏维埃第二次全国代表大会在江西瑞金沙洲坝开幕

年 10 月中央红军北上转移后，全总苏区中央执行局停止了工作。

苏区建立在经济落后的中国乡村，没有大工业的工人，除极少数从大城市与工业区撤退转移的产业工人外，其余的绝大多数是手工业工人、店员、运输工人，还有一部分雇工。尽管存在着这些局限，但苏区工会的创建和工作开展，仍然使得工人阶级成为革命武装中的领导力量。从大城市到乡村，从上海到瑞金，从白区到苏区，从轰轰烈烈到血雨腥风，直到走上漫漫长征路，历尽千山万水，备尝崎岖坎坷，中国工会在特殊的历史进程中艰难地求索。

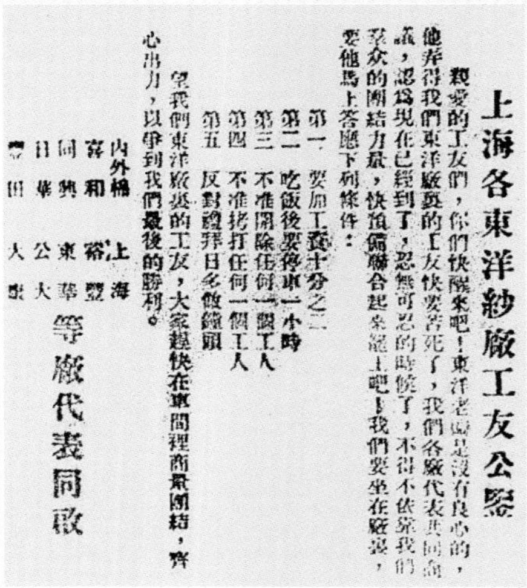

上海各東洋紗廠工友公鑒

親愛的工友們，你們快醒來吧！東洋老闆是沒有良心的，他弄得我們東洋廠裏的工友快要苦死了，我們各廠代表共同商議，認爲現在已經到了忍無可忍的時候了，不得不依靠我們羣众的團結力量，快預備聯合起來罷工吧！我們要坐在廠裏，要他馬上答應下列條件：

第一 要加工資十分之二

第二 吃飯後要停車一小時

第三 不准開除任何一個工人

第四 不准拷打任何一個工人

第五 反對禮拜日多做鐘頭

望我們東洋廠裏的工友，大家趕快在車間裡商量團結，齊心出力，以爭到我們最後的勝利。

上海 內外棉 裕豐 喜和 東華 同興 公大 日華 大康 豐田 等廠代表同啟

1936 年 11 月，上海全市日商纱厂工人举行反抗日本资本家压迫的大罢工。这是日商纱厂联合罢工的公开信

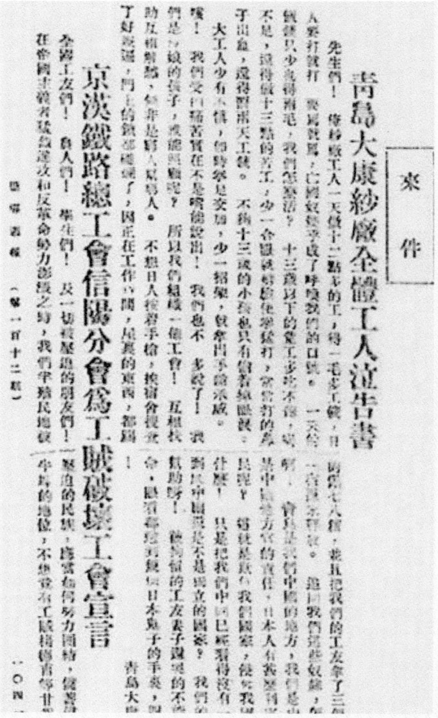

來件

青島大康紗廠全體工人泣告書

青島大康

京漢鐵路總工會信陽分會爲工賊破壞工會宣言

（第一百十二號）

青岛日商纱厂工人罢工宣言

白区工人运动与工会工作

1935 年长征途中的遵义会议，确立了毛泽东的领导地位。同年 12 月的瓦窑堡会议，确立了建立抗日民族统一战线的总策略。经过艰辛探索，白区工会工作纠正了 “左”倾错误，找到了正确的方向。

中华全国总工会在白区的派出机构有中华全国总工会白区中央执行局（又称全总上海中央执行局，1932 年底成立）、 全总北方办事处、全总南方办事处。在白区的产业工会有中华全国铁路总工会、中华全国海员总工会、中华全国五金总工会、中华全国纺织总工会。这些坚守在白区的工会组织，在中国共产党的领导下，面对险恶环境，不屈不挠，开展了一次又一次壮烈的斗争。

1936 年 11 月，在中共领导的工会组织的主导下，上海全市 30 家日商纱厂 4 万余名工人举行罢工，经过近 20 天的抗争、相持，迫使日商

1936年11月，上海日商纱厂四万余工人举行抗日救国大罢工

资本家部分地接受了罢工条件。与此同时，青岛9家日商纱厂24000余工人在工会领导下举行反日大罢工，并取得了胜利。

上海、青岛日商纱厂两次罢工的胜利，是在中共抗日民族统一战线方针指引下取得的，也是运用新的工人运动方针策略的胜利。它是白区工人经济斗争与抗日救亡运动相结合的胜利，被毛泽东称为中国革命新时期的第一阶段的标志。

风景这边独好

承启：延安

从 1935 年到 1948 年，延安是中共中央的所在地。党中央在延安不仅领导全国人民取得了抗日战争和解放战争的胜利，也领导了沦陷区和国统区的工人运动。成立于延安时期的中共中央职工运动委员会和陕甘宁边区总工会，在工人运动史上，留下了光辉的足迹。

陕甘苏区的工农劳苦群众们：

毛泽东
彭德怀
刘志丹
十二月八日

1935 年 12 月 8 日，毛泽东、彭德怀、刘志丹联名发表《告陕甘苏区劳苦群众书》

中华全国总工会西北执行局旧址（延安子长市）

高长久当选为总工会委员长。会议决定总工会下设一个黄河办事处，抓紧筹建黄河水手工会。

1937 年 5 月，陕甘宁苏区改为边区，陕北省总工会、陕甘省总工会、陕甘晋省总工会合并成陕甘宁特区工会，并与全总西北执行局合署办公。

1937 年 6 月，成立了陕甘宁边区总工会临时委员会，全总西北执行局主任刘长胜兼任临时委员会主任。8 月，毛齐华任边区总工会临时委员会主任，管瑞才为副主任。11 月 26 日，成立了陕甘宁边区总工会筹备委员会，逐渐替代全总西北执行局工作。

1938 年 4 月 17 日，陕甘宁边区工人第一次代表大会在延安召开，宣布陕甘宁边区总工会成立。大会出席代表 226 人，来宾 300 余人。会上，毛泽东就抗日民族统一战线问题讲话。刘少奇作《关于抗战形势与任务》的报告，筹委会主任毛齐华作题为《边区抗战以来职工运动的总结和今后的方针》的报告。大会通过了《陕甘宁边区总工会章程》等文件，民主选举毛齐华、管瑞才等 37 名执行委员和 9 名候补执行委员。4 月 24 日，执委会举行第一次全体会议，推选毛齐华、管瑞才、卢正义、刘呈云、刘子载、高长久、李子厚、白文生、张如洲 9 人为常务委员，毛齐华、管瑞才分别为正、副主任。

1941 年 4 月 11 日至 21 日，陕甘宁边区总工会在延安召开第四次执委（扩大）会议。会议选举高

长久为主任，惠子俊为副主任。1944 年 5 月 1 日至 25 日，陕甘宁边区总工会和边区政府联合召开边区工厂职工代表大会，崔田夫、肖彩峰当选为边区总工会正、副主任。此时，边区总工会已有会员 60956 人，其中产业工人 12538 人；有分区工会 4 个，县工会 30 个，乡工会 1057 个，工厂工会 68 个。

中共中央职工运动委员会

1938 年 1 月，中共中央为了加强对全国特别是对各抗日民主根据地工人运动的领导，决定筹备建立中共中央职工运动委员会，由张浩领导的抗大二大队（职工大队）负责筹建。1938 年 2 月，中共中央职工运动委员会正式成立，康生任主任，张浩任副主任（主持工作）。

1939 年秋，邓发从新疆回到延安，1940 年 5 月被任命为中央职工运动委员会主任。

延安时期，中央职工运动委员会创办了延安工人学校。1939 年 3 月筹建，5 月 15 日开学，张浩兼

中央职工运动委员会

主任

邓发

副主任

张浩

1939 年 5 月 15 日，延安工人学校开学典礼后，刘少奇等中央领导人与师生合影

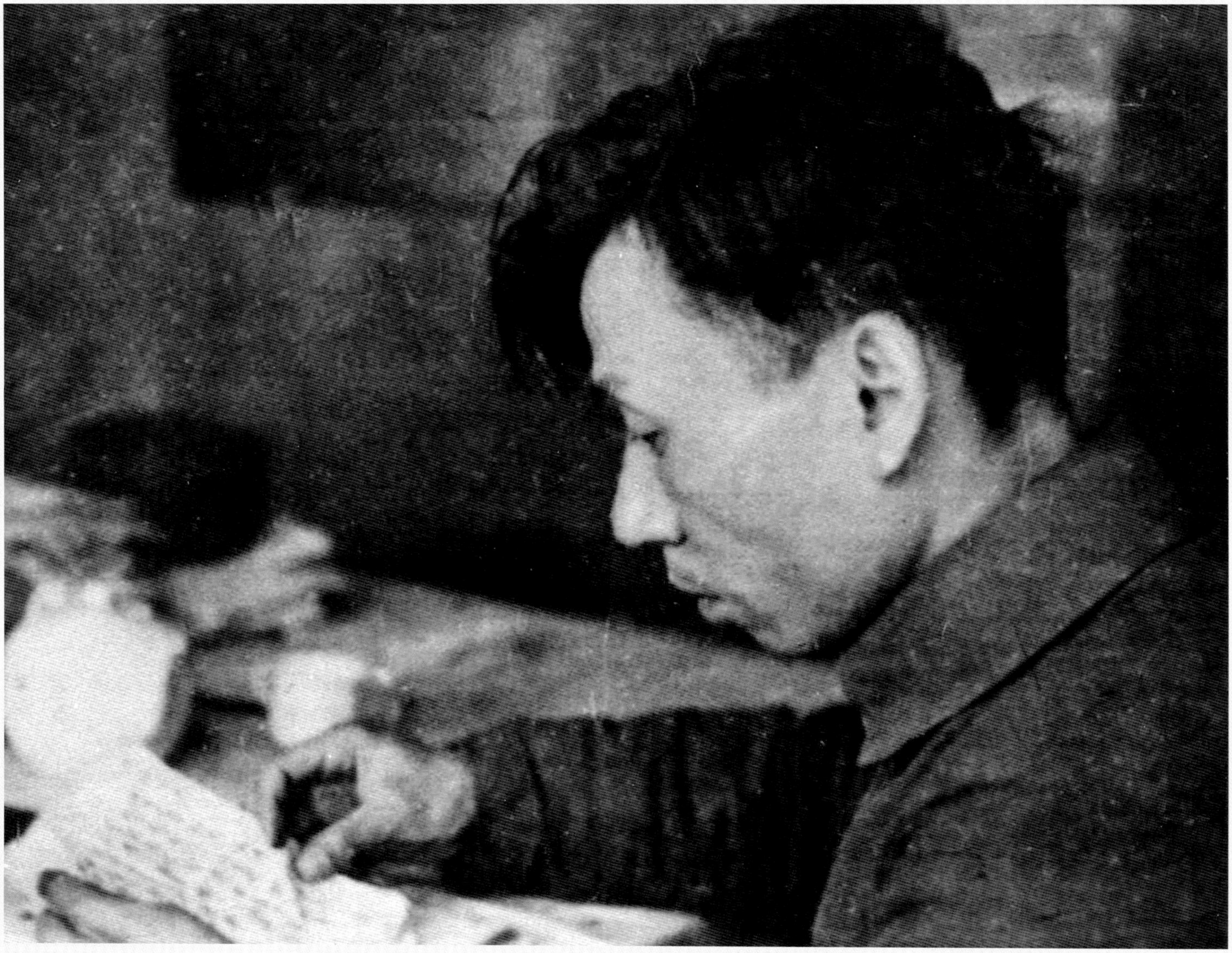

1936 年 4 月至 1937 年 5 月，刘少奇先后发表了《关于白区职工运动的提纲》《关于白区工作给中央的一封信》《关于白区党和群众工作》等 10 余篇重要文章，在深刻总结大革命失败以来党在国民党统治区斗争的经验教训基础上，系统地提出了党在国统区工作的正确方针和基本策略，解决了在国统区长期困扰着党的一系列重大理论和实践问题

中央职工运动委员会旧址（延安杨家岭）

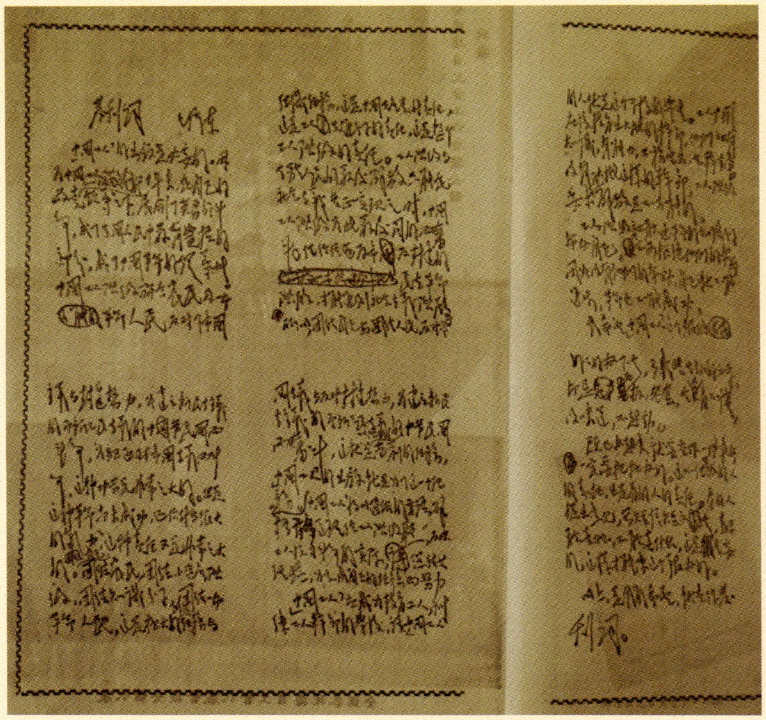

1940 年 2 月 7 日，毛泽东为《中国工人》月刊撰写的发刊词

1940 年 2 月 7 日《中国工人》月刊创刊号

任校长，宋侃夫任政治部主任，是中共中央职工运动委员会领导的、培训工人运动干部的基地，为边区乃至新中国成立后的全国工人运动和工业建设培养了大批优秀干部。

中央职工运动委员会还创办了《中国工人》月刊，设立了工人运动研究室。1940 年 2 月 7 日，《中国工人》月刊创刊，毛泽东亲自撰写发刊词。《中国工人》成为中共中央倾听工人呼声和指导工人运动的桥梁，成为团结教育工人和统一中国工人运动的有力武器。

为了全面、准确地组织领导全国职工运动，中共中央职工运动委员会成立工人运动研究室，共分三个组：敌占区组、大后方组和根据地组。对不同区域的工人运动进行调研、考察、了解，撰写出许多非常有价值的调研报告，为党中央制定领导全国的工人运动政策、方针提供可靠依据。

抗日战争时期工人运动

抗日战争形势的发展，使党和工会的工作面临复杂的局面。工会工作要面对三种地区的不同情况：国统区、抗日根据地和沦陷区。中国共产党对三种不同地区的党的工作和工人运动都作出了明确指示。

1938 年 2 月，刘少奇发表了《工会工作大纲》，根据中共中央全面抗战的指导路线，阐述了工人阶级在抗战中的地位和作用，全面论述了在抗日根据地、国统区和沦陷区这三种不同地区发展工会组织的形式和工作任务等问题。

根据地的工会组织是随着根据地的建立而建立、发展而发展的。在党的领导下，各根据地都有完善的工会组织机构。到 1945 年初，全国根据地工会会员已发展到了 92 万人之众。

在党中央和中职委领导下，根据地的工人群众不仅踊跃参加八路军，参加反扫荡战斗，还普遍组织民兵、工人自卫军和工人游击队。工人们一手拿枪一手拿锤，边生产边战斗，成为一支有生力量。

根据地工会发动和组织工人创建和发展战时工业，广大职工自力更生、艰苦奋斗，“自己动手，丰衣足食”，在根据地建立起了近代工业，生产民用工业品和军工产品。

各级工会发动工人群众投入大生产运动，号召学习劳动模范，开展“赵占魁运动”“张秋风运动”“甄荣典运动”，积极投入劳动竞赛。轰轰烈烈的大生产运动不仅生产出了民用产品，还生产供应了前方的八路军和新四军军工产品打击日本侵略者；不仅打破了敌人的经济封锁，保证了根据地的生存和发展，支援了抗战，还锻炼和培养了大批工业管理人才和优秀工人。

工会在根据地不仅整顿发展工会组织，组织工人发展生产，还在提高工人政治待遇、改善工人生活方面做了大量工作。比如选举工人参议员，参加抗日民主政权，执行根据地的劳动政策，适当提高

据统计，到 1938 年 12 月，陕甘宁边区已经成立县工会 20 个，区工会、乡工会 546 个，加入工会的手工业工人、农业雇工和商业店员共 48000 余人。图为民主选举干部

工人工资，组织失业工人兴办手工业生产合作社，组织工人学文化、学政治，开展娱乐活动。这些实实在在的工作使根据地的工人群众有了奋发向上的积极性，有了抗战必胜的信心。

在国统区，在有理、有利、有节的原则下，利用国民党一切可以利用的法律、命令和社会习惯所许可的活动机会，稳扎稳打地进行斗争和积蓄力量，明确地提出了“十六字方针”，即“隐蔽精干，长期埋伏，积蓄力量，以待时机”。

在正确方针的指导下，国统区工人运动在极其不利的环境下，仍然得到了发展。在抗日战争不同

1939 年 2 月 2 日，中共中央在延安召开生产动员大会

纺线比赛

中央警卫团的战士在烧木炭

边区特等劳模赵占魁

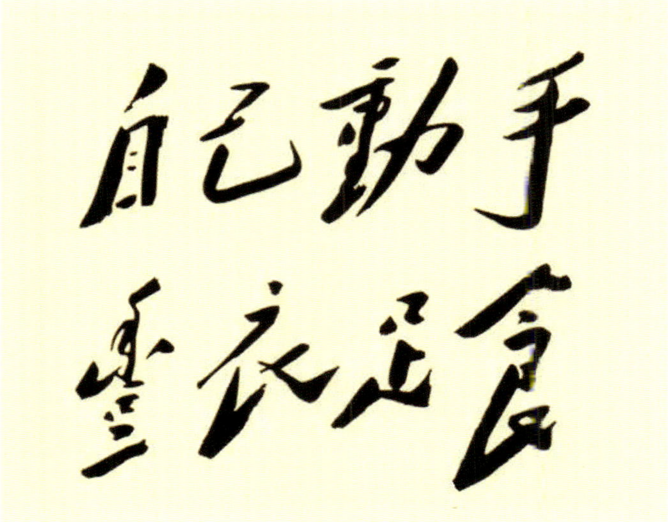

1943 年，毛泽东在枣园为电影纪录片《生产战斗结合起来》题词“自己动手　丰衣足食”

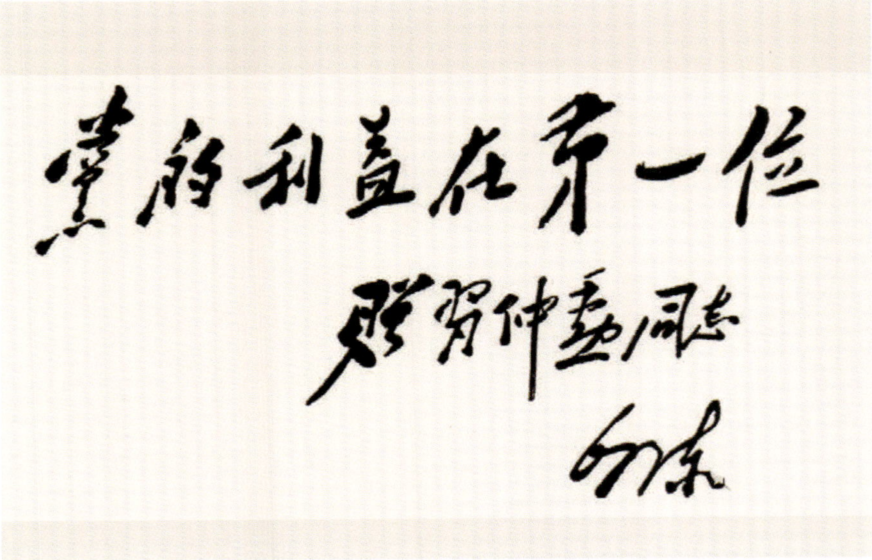

1943 年 1 月，毛泽东为习仲勋题词“党的利益在第一位”

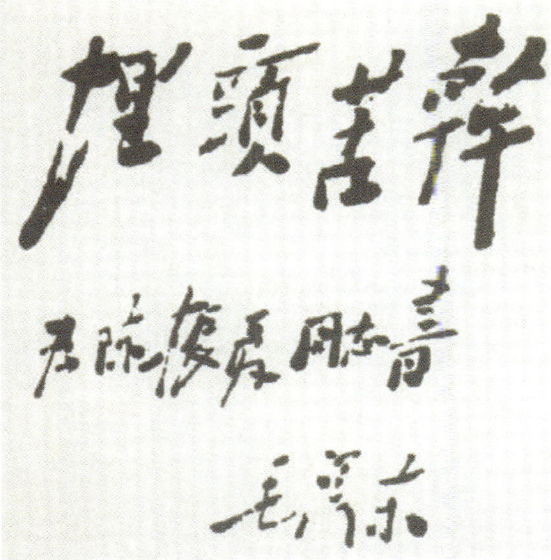

毛泽东为特等劳动英雄陈振夏题词“埋头苦干”

阶段，工人群众相继开展了争取生存权、要求增加工资、改善生活待遇的斗争和反对特务迫害的斗争，并取得了不同程度的胜利。

在沦陷区，共产党和工会虽然不可能合法存在，也不能公开开展工作，但沦陷区的工人运动仍然正确贯彻执行了党的工运方针，采取了更加灵活的斗争方式，通过各种方式和渠道把广大职工群众团结和组织起来，开展抗日活动和经济斗争。沦陷区工人运动开展得机动灵活、卓有成效，从经济上和政治上都给了敌人沉重的打击，牵制了敌人的力量。

在抗日战争即将取得胜利的前夜，1945 年 4 月 23 日至 6 月 11 日，中国共产党第七次全国代表大会在延安召开。大会确定了党的政治路线，即“放手发动群众，壮大人民力量，在我党的领导下，打败日本侵略者，解放全国人民，建立一个新民主主义的中国”。

中共七大还指出，在最后打败日本侵略者的斗争中，特别是在收复大城市和交通要道的斗争中，中国工人阶级将起重大作用。根据不同地区的特点，规定了中国工人运动的具体策略和任务。在中国共产党的领导下，在抗日战争的最后阶段，中国工人抖擞起了全部精神，准备迎接一个新世界！

解放战争时期工人运动

解放区工人加紧军工生产和开展增产立功运动

解放战争时期的全国工人运动，包括解放区的工人运动和国民党统治区的职工群众斗争，经历了三个不同的阶段。

第一阶段是从 1945 年 9 月抗日战争正式结束到 1946 年 6 月国民党准备发动全面内战。中国共产党领导全国人民争取和平、民主，领导国民党统治区（包括大后方和收复区）的职工群众，开展了要求发给遣散费、复员费，要求复工就业、救济失业和保障生活的各种斗争，有力地配合并积极地参加了各阶层人民的和平民主运动。与此同时，解放区工会在党的领导下，通过反奸清算、争取民主权利和增加工资改善职工生活等斗争，发动组织职工群众恢复生产，参加民主政权建设等各方面工作，有力配合支援了解放战争。

第二阶段是从 1946 年 6 月国民党发动全面内战到 1948 年 8 月人民解放军转入战略反攻。在这个阶段，各解放区工会动员广大职工群众，普遍开展了

修公路

建机场

送军粮

送弹药

送军鞋

“增产立功运动”，贯彻“发展生产，繁荣经济，公私兼顾，劳资两利”的新民主主义经济方针，进一步激发了解放区职工革命和生产的积极性，有力地支援了人民解放军的战略反攻。国统区工人群众为了争得生存和民主的权利，对法西斯暴政进行了不屈不挠的英勇抗争。各个城市各行各业工人的罢工、怠工、饿工、请愿、游行示威等反饥饿、反内战、反迫害、争生存斗争风起云涌。这些都有力地配合支援了解放战争的胜利发展。

第三阶段是从 1948 年 9 月到 1949 年 9 月，是人民解放军发动主力决战和夺取全国胜利的时期。随着战局的胜利发展，共产党领导工人群众为迎接新中国诞生而努力奋斗。工会工作以协助接管城市、恢复发展生产为中心，迅速开展起来。

中国解放区职工联合会

中国解放区职工联合会筹委会

主任

邓发

副主任

崔田夫

秘书长

李颉伯

1945年2月1日，中共中央发出《关于成立中国解放区职工联合会的指示》。1945年5月22日，中国解放区职工联合会筹委会在延安成立，推举邓发为主任，崔田夫为副主任，李颉伯为秘书长，并决定于同年11月在延安召开解放区职工代表大会，正式成立中国解放区职工联合会。

孰料抗战胜利来得极为迅速，政治、军事形势急剧变化，以至于这个大会都来不及召开，日本侵略者就投降了。这个计划中的大会的任务，最终将由后来的第六次全国劳动大会来完成。

雄关漫道真如铁，而今迈步从头越

重光：哈尔滨

哈尔滨从建城伊始便有了产业工人群体，在中国最早受到马列主义思想的洗礼。作为中国第一个获得解放的大城市，中国工人运动在这里迈入新的历史阶段。1948 年 8 月 1 日至 22 日，在哈尔滨召开的第六次全国劳动大会，标志着长期处于分割状态的中国工人运动，在中国共产党的领导下重新实现了团结统一。

第六次全国劳动大会在哈尔滨兆麟电影院召开

第六次全国劳动大会

欢迎来哈尔滨参加第六次全国劳动大会的代表

随着解放战争在全国的胜利进程，革命形势迅猛发展，给工人运动提出了新的要求和任务。为了统一解放区的工会运动，促进全国工人阶级的团结，动员和组织工人群众投身于夺取全国胜利的伟大斗争，迫切需要召开一次全国工人阶级群众组织的代表大会，以确定中国工人运动新的方针和任务。

1907 年 5 月 14 日（俄历 5 月 1 日），中俄工人在太阳岛集会，这是中国工人首次纪念“五一”国际劳动节

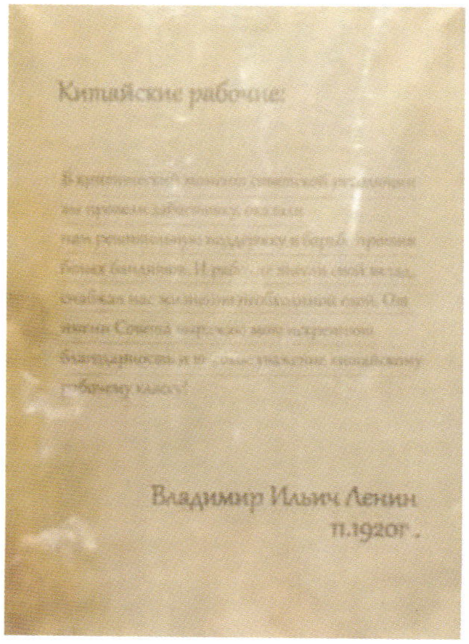

列宁亲自写给中国工人的感谢信

中东铁路大罢工时使用的汽笛

挠的斗争。

1918 年到 1920 年，哈尔滨中东铁路工人先后举行了数十次罢工，其中有四次是全线大罢工，造成中东铁路大面积瘫痪，切断了远东叛匪和外国干涉军的运输线，为支援十月革命和巩固年轻的苏维埃政权作出了重大贡献。

1920 年 11 月，苏维埃政府外交部副部长兼驻华大使加拉罕来到哈尔滨，代表列宁和苏维埃对中国的工人阶级所给予的无私援助表示衷心的感谢，并当场宣读了由列宁亲笔签名的感谢信：“中国的工人同志们：你们在苏维埃革命的关键时刻举行大罢工，有力地支援了我们打击白匪的斗争。并且，工人们自行捐款，给我们运来了我们视为生命的粮食。我谨代表苏维埃向中国的工人阶级表示衷心的感谢和崇高的敬意！”

红色国际秘密交通线

哈尔滨国际交通局遗址（哈尔滨道里区西头道街 41 号）

20 世纪 20 年代中共秘密交通线 86 号小站接应马车

满洲里红色国际秘密交通线遗迹碑

俄国十月革命胜利后，共产国际派人到中国帮助建党和宣传马列主义，主要是通过中东铁路经过哈尔滨到关内。中东铁路成为重要的红色通道。

1928 年，为了加强同中国东北地区党组织的联系，共产国际在哈尔滨设立了国际交通局，建立了多处交通站及联络处，形成了一个组织严密、安全稳定、高效运转的国际秘密交通网络。

据统计，1931 年至 1934 年 5 月间，秘密交通站共安全迎送 70 多名同志出入国境。中共六大在莫斯科召开时，前去参加会议的代表都是从这里通过的。1928 年 5 月至 6 月期间，通过中东铁路，最后从满洲里越境去苏联的中共六大代表有瞿秋白、周恩来、李立三、邓颖超、蔡和森、蔡畅、张国焘、项英等人。

全心全意依靠工人阶级方针

人民日報

中共二中全會完滿結束

毛澤東主席向全會作工作報告

全會批准召開新政協成立聯合政府

確定黨的工作重心由鄉村移到城市

1949 年 3 月 25 日《人民日报》关于党的七届二中全会的报道

1949 年 3 月 5 日，中国共产党第七届中央委员会第二次会议在河北省平山县西柏坡村开幕。毛泽东在这次会议上作了报告，提出促进革命迅速取得全国胜利和组织这个胜利的各项方针；指出在全国胜利的局面下，党的工作重心必须由乡村转移到城市。

毛泽东的报告还强调了在城市工作中要执行全心全意依靠工人阶级的方针。毛泽东说：“我们必须全心全意地依靠工人阶级，团结其他劳动群众，争取知识分子，争取尽可能多的能够同我们合作的民族资产阶级分子及其代表人物站在我们方面，或者使他们保持中立，以便向帝国主义者、国民党、官僚资产阶级作坚决的斗争，一步一步地去战胜这些敌人。”

1949 年 3 月，毛泽东在党的七届二中全会上作报告，提出中国共产党工作重心由农村转向城市，全心全意依靠工人阶级方针

附录二　中华全国总工会历任主席（委员长）

林伟民
中华全国总工会委员长
（1925.5 —1926.5）

苏兆征
中华全国总工会委员长
（1926.5 —1929.2）

李立三
中华全国总工会代理委员长
（1927.2 —1927.6）

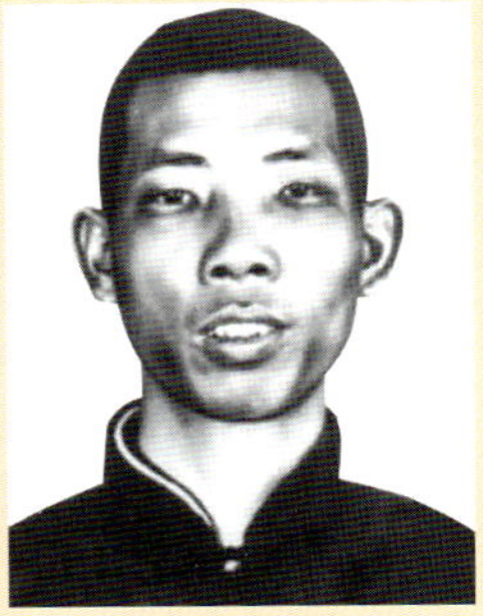

罗登贤
中华全国总工会代理委员长
（1929.2 —1929.11）
（1931.1 —1931.11）

项　英
中华全国总工会委员长
（1929.11 —1930.7）

刘少奇
全总苏区中央执行局委员长
（1933.2 —1935.10）
全总西北执行局委员长
（1935.11 —1936.6）
中华全国总工会名誉主席
（1949.5—1957.12）

刘长胜
中华全国总工会西北执行局委员长
（1936.6 —1938.4）

陈　云
中华全国总工会主席
（1948.10 —1953.5 第六届）

赖若愚
中华全国总工会主席
(1953.5 —1958.5 第七、八届）

刘宁一
中华全国总工会主席
(1958.8 —1966 12 第八届）

倪志福
中央政治局委员
全国人大常委会副委员长
中华全国总工会主席
(1978.10 —1993.10 第九、十、十一届）

尉健行
中央政治局常委
中华全国总工会主席
（1993.10 —2002.12 第十二、十三届）

王兆国
中央政治局委员
全国人大常委会副委员长
中华全国总工会主席
（2002.12 —2013.3 第十三、十四、十五届）

李建国
中央政治局委员
全国人大常委会副委员长
中华全国总工会主席
（2013.3 —2018.3 第十五、十六届）

王东明
全国人大常委会副委员长
中华全国总工会主席
（2018.3 —　第十七届）

总策划　李玉赋

监　制　张茂华

编　审　闫宇平　王娇萍　董　宽
　　　　吕　静

撰　稿　关　明　张立新　高志菲
　　　　闫永飞　丁　玲　柴芳墨

顾　问　（按姓氏笔画为序）
　　　　马江利　王　芳　冯　惠
　　　　冯建华　刘　良　刘剑平
　　　　李五明　李忠义　杨　琪
　　　　杨　慧　肖　骏　邹卫民
　　　　宋殿勇　张　曼　陈　放
　　　　易有权　赵林松　赵晓琳
　　　　徐　迟　高学昌　郭大为
　　　　黄建华　揭安全　董德泉
　　　　黑树林　赖超群

鸣谢

本图册在编辑过程中，得到了黑龙江省总工会、上海市总工会、江西省总工会、湖北省总工会、广东省总工会、陕西省总工会、哈尔滨市总工会、武汉市总工会、广州市总工会、瑞金市总工会、延安市总工会等单位和个人的大力支持与帮助，在此致以诚挚的谢意。

图书在版编目（CIP）数据

红色足迹：中国工会从这里走来 / 中国工运研究所编. —北京：中国工人出版社，
2020.3
ISBN 978-7-5008-7387-7

Ⅰ. ①红… Ⅱ. ①中… Ⅲ. ①工会运动史－中国－1921-1949 Ⅳ. ①K261.3

中国版本图书馆CIP数据核字(2020)第039470号

红色足迹：中国工会从这里走来

出 版 人	王娇萍
责任编辑	王学良
责任印制	栾征宇
出版发行	中国工人出版社
地　　址	北京市东城区鼓楼外大街45号　邮编：100120
网　　址	http://www.wp-china.com
电　　话	（010）62005043（总编室）（010）62005039（印制管理中心） （010）82075935（工会与劳动关系分社）
发行热线	（010）62005996　82029051
经　　销	各地书店
印　　刷	三河市东方印刷有限公司
开　　本	889毫米×1194毫米　1/12
印　　张	$13\frac{2}{3}$
字　　数	170千字
版　　次	2020年5月第1版　2024年5月第4次印刷
定　　价	398.00元